함께 사는 동물

사진출처

국립생물자원관_ 62p / 산양

위키피디아_ 16p / 바스테트(Kotofeij K. Bajun) 58p / 브램블 케이 멜로미스(State of Queensland)
69p / 대륙사슴(Alina Zienowicz), 독도 강치(Nkensei)

한국관광공사_ 64p / 멸종위기종복원센터

통합교과 시리즈 참 잘했어요 사회 ⑭

함께 사는 동물

ⓒ 김성호, 2019

1판 1쇄 발행 2019년 3월 20일 | **1판 2쇄 발행** 2022년 7월 25일

글 김성호 | **그림** 손지희 | **감수** 초등교사모임
펴낸이 권준구 | **펴낸곳** (주)지학사
본부장 황홍규 | **편집장** 윤소현 | **편집** 양선화 박보영 김승주
디자인 디자인앨리스 | **마케팅** 송성만 손정빈 윤술옥 이혜인 | **제작** 김현정 이진형 강석준
등록 2010년 1월 29일(제313-2010-24호) | **주소** 서울시 마포구 신촌로6길 5
전화 02.330.5263 | **팩스** 02.3141.4488 | **이메일** arbolbooks@jihak.co.kr
ISBN 979-11-6204-049-2 74300
ISBN 978-89-94700-68-7 74300(세트)
잘못된 책은 구입하신 곳에서 바꿔 드립니다.

 제조국 대한민국   사용연령 8세 이상
KC마크는 이 제품이 공통안전기준에 적합하였음을 의미합니다.

 아르볼은 '나무'를 뜻하는 스페인어. 어린이들의 마음에 담긴 씨앗을 알찬 열매로 맺게 하는 나무가 되겠습니다.

홈페이지 www.jihak.co.kr/arb/book | **포스트** post.naver.com/arbolbooks

함께 사는 동물

글 김성호
그림 손지희
감수 초등교사모임

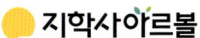

펴냄 글

🌐 사회는 왜 어려울까?

- 역사, 경제, 지리, 문화, 정치 등 공부해야 할 범위가 넓다.
- 책이나 교과서를 볼 땐 이해할 것 같다가도 돌아서면 헷갈린다.
- 나와 동떨어진 것 같고 어려워서 이해가 안 된다.
- 사회 공부를 할 때 어려운 단어가 많이 나온다.

🌐 사회 공부, 쉽게 하려면 통합교과 시리즈를 펼치자!

통합교과란?

- 서로 다른 교과를 주제나 활동 중심으로 엮은 새로운 개념의 교과
- 하나의 주제를 **역사·생활·환경·윤리·동물행동학·직업** 등 다양한 영역에서 접근해 정보 전달 효과를 높임
- 문이과 통합 교육 과정에 안성맞춤

이런 학생들에게 통합교과 시리즈를 추천합니다!

사회 교과를 처음 배우는 초등학교 **3학년**

사회가 지겹고 어렵게 느껴지는 **4학년**

역사
과거부터 현재까지,
관련 분야의 역사 지식이
머릿속에 쏙!

직업
관련된 직업을 살펴보고
나와 맞는 꿈 찾기

생활
우리의 생활을
둘러보고 관련 정보
이해하기

통합교과 시리즈

동물행동학
동물의 행동과
생활을 이해하고
생명을 존중하기

환경
주제와 관련된
환경 문제를 알아보고
해결 방안 탐색!

윤리
사회와 자연에 대한
인간의 도덕적 책임을 확인!

목차

01. 모모가 사라졌어요
역사 인류 문명과 동물 10

- 16 원시 종교와 신화 속 동물
- 18 동물, 가축이 되다
- 20 가축은 아무나 되나
- 22 종교와 육식 문화
- 26 **한 걸음 더** 교황이 싫어하고 마호메트가 좋아한 동물

02. 모모, 양치기 개가 되다
생활 동물과 인간의 생활 30

- 36 음식을 주는 동물
- 38 털과 가죽을 이용한 물건들
- 40 인간을 돕는 다양한 동물들
- 44 동물과 사람의 병
- 46 동물과 의학의 발전
- 50 **한 걸음 더** 돼지 독감과 조류 독감

03. 여우 구출 작전
환경 위기에 처한 야생 동물 52

- 58 멸종된 동물들
- 60 멸종 위기의 동물들
- 62 우리나라의 멸종 위기 동물
- 64 멸종 위기 동물을 돕자
- 68 **한 걸음 더** 일제 강점기에 사라진 동물들

04. 서커스단에 잡힌 고등어

윤리 동물의 고통과 동물권 **70**

76 학대받는 동물들
81 동물을 생각하는 동물권
84 동물권을 위해 노력한 사람들
88 한 걸음 더 왜 살충제 달걀이 생겼을까?

05. 드디어 모모를 찾았어요!

동물행동학 동물의 신기한 능력 **90**

96 우리도 언어를 사용해요
100 우리도 도구를 사용해요
102 신기한 능력을 지닌 동물들
106 한 걸음 더 신기한 고양이, 마네키 네코

06. 멋진 길고양이 고등어

직업 동물과 함께하는 사람들 **108**

114 아픈 동물을 치료해요, 수의사
116 재활을 도와요, 야생 동물 재활사
117 마음을 읽어요, 애니멀 커뮤니케이터
118 대신 돌봐 드려요, 펫시터
119 학대는 그만! 동물 보호 보안관
122 한 걸음 더 길고양이를 돌봐요, 캣맘과 캣대디

124 워크북   136 정답 및 해설   138 찾아보기

등장인물

애니

동물을 좋아하는 초등학생 소녀. 마음이 착하고 여려서 동네 길고양이들에게 매일같이 밥과 물을 챙겨 준다. 모모를 찾기 위해 길고양이 '고등어'와 함께 여행을 떠난다.

고등어
애니가 사는 동네의 길고양이로, 사람의 말을 하고 마법을 부릴 줄 안다. 평소 애니에게 받은 은혜를 갚기 위해 함께 모모를 찾아 나선다.
털이 고등어 무늬 같아서 '고등어'라고 불린다.

모모
애니의 친구가 기르고 있는 강아지로,
친구가 여행을 떠나면서 애니에게 맡겼다.
애니와 산책을 하던 중 사라졌다.
애니와 고등어가 찾기 직전에
매번 사라지는 말썽쟁이 강아지다.

01.
모모가 사라졌어요

역사 인류 문명과 동물

· 원시 종교와 신화 속 동물
· 동물, 가축이 되다
· 가축은 아무나 되나
· 종교와 육식 문화

한눈에 쏙 인류 문명과 동물
한 걸음 더 교황이 싫어하고 마호메트가 좋아한 동물

찾습니다

흰색

곱슬

메롱

모모

 원시 종교와 신화 속 동물

동물을 숭배했던 옛사람들

바스테트

오랜 옛날, 인간은 몇몇 동물을 신으로 모셨어요. 특히 인간에게 없거나 인간보다 뛰어난 능력을 가진 동물들을 숭배했어요. 예를 들면 인간보다 힘이 세고 빠른 호랑이나 사자, 하늘을 훨훨 나는 독수리 말이에요.

동물을 숭배하는 토테미즘은 인류의 오래된 원시 종교예요. 고대 인도인들은 소를 세상의 어머니라고 생각했어요. 고대 멕시코 부족은 깃털 달린 뱀을 학문의 신으로 숭배했어요. 고대 이집트인들은 고양이 얼굴에 인간의 몸을 한 바스테트를 여신으로 섬겼어요. 또 이집트의 한 부족은 암탉이 아프리카 대륙을 만들었다고 믿어요.

중국 신화에 나오는 여와라는 창조신은 뱀이에요. 그 남편인 복희도 뱀이지요. 한편 우리 조상들은 새해가 되면 대문에 호랑이 그림을 붙였어요. 호랑이가 귀신을 쫓는다고 믿었거든요.

오늘날에도 여전히 동물을 숭배하는 사람들이 있어요. 인도인들은 소를, 남태평양 부근의 멜라네시아 주민들은 돼지를 숭배하지요.

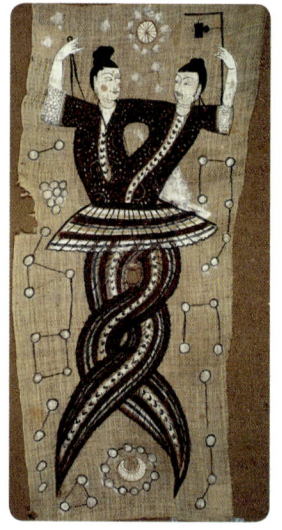

여와와 복희

신화 속 상상의 동물들

유니콘

신화에는 사람처럼 말하고 생각하는 동물들이 많이 나와요. 단군 신화에 나오는 곰과 호랑이가 좋은 예지요. 단군 신화 속 곰은 100일간 쑥과 마늘을 먹고 여자가 되어 환웅과 결혼하고 단군을 낳아요.

신화에는 상상 속의 동물들도 많이 나와요. 대표적인 것이 용, 뿔 달린 말 유니콘, 영원히 죽지 않는 새 불사조 등이에요. 특히 용은 동양에서 왕을 상징하는 동물이었어요. 임금님의 얼굴을 '용안', 임금님이 입는 옷은 '용포', 임금님이 앉는 의자를 '용상'이라 불렀지요.

그런데 서양에서는 용이 주로 사악한 동물로 그려져요. 성격이 포악하고 불을 내뿜어서 사람을 마구 공격하기 일쑤죠.

동물, 가축이 되다

정착 생활의 시작과 가축의 탄생

움집

오랫동안 인간은 먹을 것을 찾아 철새처럼 옮겨 다녔어요.

농사를 짓기 시작하면서 인간은 논과 밭을 돌보기 위해 한곳에 머물렀어요. 더 이상 이리저리 옮겨 다니지 않고, 짚과 나무 등을 엮은 움집을 만들어 살았지요. 이것을 '정착 생활'이라고 해요.

정착 생활을 하면서 인간은 집에서 동물을 기르기 시작했어요. 약 1만 2천 년 전의 일이에요.

왜 가축을 길렀을까?

농사를 짓기 시작하면서 인류는 안정적으로 식량을 얻게 되었어요. 하지만 빵과 밥, 채소만으로는 충분한 영양을 섭취할 수 없었어요. 고기를 먹어 단백질*을 얻어야 했지요.

고기를 맛보려면 야생 동물을 사냥할 수밖에 없어요. 하지만 농사짓기도 바쁜데 어떻게 매일 사냥을 하러 다니겠어요? 좋은 방법이 없을까요?

"동물들을 잡아서 우리가 기르면 되잖아?"

★**단백질** 사람의 3대 영양소 중 하나로 근육, 피부 등을 구성

멋진 생각이었어요. 동물을 기르면 힘들게 사냥을 할 필요가 없어요. 또 동물들은 계속 새끼를 낳을 테니 숫자가 줄어들 걱정도 없지요.

가축이 주는 건 고기만이 아니었어요. 젖을 짜면 우유가 되고, 그 우유를 발효시키면 치즈나 버터 같은 유제품이 만들어졌어요. 덤으로 옷을 만들 가죽까지 얻을 수 있었어요.

동물과 인간의 거래

가축들의 고향은 야생이에요. 개의 조상은 회색늑대, 돼지의 조상은 멧돼지, 말의 조상은 야생말, 소는 들소, 양은 산양이었지요. 야생에서 사는 것은 자유롭지만 배고프고 위험해요. 양과 같은 초식 동물은 사자나 호랑이 같은 맹수들이 호시탐탐 노리고 있었어요. 또 풀이 자라지 않는 겨울이 오면 먹을 것이 없어 굶주리기 일쑤였어요.

가축이 되면 자유를 잃지만 대신 안전함과 먹이를 확보할 수 있어요. 인간이 맹수로부터 지켜 주고 끼니마다 먹을 것을 주니까요. 인간에게 가축이 필요했듯, 가축도 인간이 필요했던 거예요.

 ## 가축은 아무나 되나

치타

얼룩말

　1500년대, 인도 황제는 1,000마리가 넘는 치타를 길렀어요. 치타는 육식 동물이지만 성격이 꽤 순한 동물이에요.
　인도 황제는 치타를 길들이면 사냥할 때 큰 도움이 될 거라 생각했어요. 하지만 치타를 가축으로 만드는 데는 실패했어요. 우리에 들어간 치타들은 도무지 짝짓기를 하지 않았어요. 치타는 뛰어다니면서 짝짓기를 하는데, 우리는 너무 작았거든요.
　얼룩말도 많은 사람들이 길들이려고 노력했지만 실패였어요. 얼룩말은 매우 난폭해 길들이기 어렵지요.
　하마, 호랑이, 사자, 코끼리, 버펄로도 사나워 가축이 될 수 없었어요. 가축도 아무나 되는 게 아니에요.

가축이 되기 위한 조건

　대영 박물관 연구원 J.C. 블록은 야생 동물이 가축이 되려면 6가지 조건을 갖춰야 한다고 주장했어요. 소처럼 튼튼하고, 개처럼 사람을 잘 따라야 하며, 성격이 너무 예민하면 안 돼요. 달걀과 고기를 제공하는 닭처럼 인간에게 도움이 되어야 하며, 한 번에 10마리 정도 새끼를 낳는 돼지처럼 번식을 잘하고, 성격이 순한 양처럼 기르기가 쉬워야 해요.

가축이 된 14종의 대형 초식 동물

인류학자* 재레드 다이아몬드는 야생 동물 중 체중이 45킬로그램 이상인 대형 초식 동물이 가축이 될 가능성이 높다고 말했어요. 이 조건에 맞는 동물은 모두 148종인데, 그중에서도 가축이 된 동물은 14종뿐이에요. 양, 소, 염소, 돼지, 말, 단봉낙타, 쌍봉낙타, 라마, 당나귀, 순록, 물소, 야크, 발리소, 인도소예요.

이 중에는 양, 소, 염소, 돼지처럼 익숙한 동물도 있지만 처음 듣는 동물들도 있을 거예요. 라마는 낙타과의 동물로 남아메리카의 높은 산이 있는 곳에 주로 살아요. '퉤!' 하고 침을 잘 뱉는 별난 습성이 있어요. 순록은 사슴과의 동물로 추운 지방에 살아요. 산타클로스의 썰매를 끄는 동물이기도 해요. 야크는 소에 속하는 동물로 긴 털과 멋지게 휘어진 뿔을 갖고 있어요.

★**인류학자** 인류와 그 문화의 기원, 특징 등을 연구하는 사람

라마

순록

야크

종교와 육식 문화

옛날에는 종교의 가르침이 법이었고, 종교 지도자가 왕처럼 힘이 센 나라도 많았어요. 종교는 사람들이 동물을 대하는 데에도 영향을 미쳤어요. 오늘날에도 그런 흔적이 곳곳에 남아 있지요.

돼지를 먹지 않는 중동 사람들

이슬람교와 유대교를 믿는 중동★ 지역 사람들은 돼지고기를 먹지 않아요.

유대교와 이슬람교는 같은 뿌리에서 나온 종교예요. 그래서 이슬람교 경전 코란과 유대교 경전 토라는 비슷한 내용이 많아요. 코란과 토라에는 돼지를 먹지 말라고 적혀 있어요. 왜 그랬을까요?

중동은 비가 적게 오고 땅이 거칠어 농사를 짓기 힘든 땅이에요. 그래서 양이나 소, 염소를 기르는 목축업을 많이 했어요. 양과 소, 염소는 풀을 먹는 초식 동물이에요. 그런데 돼지는 이것저것 다 먹는 잡식 동물이에요. 초식 동물은 풀밭에 풀어놓고 키우면 되지만, 돼지는 사람이 먹는 음식을 줘야 해요. 사람 먹을 것도 부족한데 음식까지 나누어 주며 돼지를 기르기는 힘든 환경이었던 거예요. 그래서 유대교와 이슬람교는 돼지를 먹지 못하게 했어요.

★ **중동** 아프가니스탄, 이란, 사우디아라비아, 파키스탄 등의 국가를 포함하는 서아시아 일대

낙지를 잘 먹지 않는 유럽 사람들

기독교 전통이 강한 유럽 사람들은 낙지, 오징어, 문어를 잘 먹지 않아요. 기독교 성경에는 오징어나 문어처럼 지느러미와 비늘이 없는 동물을 먹지 말라고 적혀 있거든요.

유럽 사람들이 문어나 낙지를 싫어하는 이유는 또 있어요. 유럽에는 크라켄이라는 전설의 동물이 있는데, 바다에 살면서 배를 공격하고 사람을 죽이는 괴물이에요. 이 크라켄이 문어와 비슷하게 생겼어요.

육식을 금지하는 인도의 종교

자이나교는 인도에서 발생한 오래된 종교인데, 살아 있는 모든 것을 해쳐서는 안 된다고 가르치고 있어요. 이를 '아힘사'라고 해요. 그래서 자이나교 승려는 작은 벌레라도 함부로 죽이지 않아요. 세계 최초의 동물 병원을 세운 것도 자이나교예요.

자이나교 사원

인도에는 자이나교와 비슷한 또 다른 종교들이 있어요. 힌두교와 불교예요. 둘 다 작은 생명도 함부로 죽여서는 안 된다고 가르치고 육식을 금지해요. 그런 영향으로 인도는 헌법에 동물 복지 조항이 들어 있는 몇 안 되는 나라들 중 하나이기도 해요.

인류 문명과 동물

원시 종교와 신화 속 동물
- 동물 숭배는 인류의 원시 종교
- 고대 인도인 : 소를 세상의 어머니로 생각
- 고대 멕시코 부족 : 깃털 달린 뱀을 학문의 신으로 숭배
- 고대 이집트인 : 고양이 얼굴에 인간 몸을 한 바스테트를 여신으로 섬김
- 중국 : 세상을 창조한 신 여와와 복희는 뱀
- 신화 속 상상의 동물 : 용, 유니콘, 불사조 등

동물, 가축이 되다
- 농사를 짓고 정착 생활을 하면서 인간은 집에서 동물을 기르기 시작
- 농사를 짓느라 바빠진 인류가 매일 사냥을 나갈 수 없자 가축을 기르게 됨
- 가축을 길러 고기, 우유 등 식량과 옷을 만드는 가죽을 얻음
- 동물과 인간의 거래 : 야생에서 사는 것은 자유롭지만 배고프고 위험했음. 가축이 되면 자유를 잃지만 안전과 먹이를 확보할 수 있음
  → 인간에게 가축이 필요했듯 가축도 인간이 필요했던 것

가축이 되기 위한 조건

- J.C. 블록 : 야생 동물이 가축이 되려면 6가지 조건을 갖춰야 한다고 주장
- 6가지 조건 : 튼튼할 것, 사람을 잘 따를 것, 성격이 너무 예민하지 않을 것, 인간에게 도움이 될 것, 번식을 잘할 것, 기르기 쉬울 것
- 가축이 된 14종 : 양, 소, 염소, 돼지, 말, 단봉낙타, 쌍봉낙타, 라마, 당나귀, 순록, 물소, 야크, 발리소, 인도소

종교와 육식 문화

- 돼지고기를 금지하는 종교 : 이슬람교와 유대교 경전에서는 돼지고기를 금지함. 잡식 동물인 돼지는 이슬람교와 유대교를 믿는 중동에서 기르기 힘든 동물이었기 때문
- 낙지를 먹지 않는 유럽 사람 : 기독교 성경에 지느러미와 비늘이 없는 동물을 먹지 말라고 적혀 있기 때문. 또한 전설 속 바다 괴물인 크라켄이 문어와 비슷하게 생겨서 먹지 않음
- 육식 금지 : 인도에서 발생한 자이나교, 힌두교, 불교는 모두 작은 생명도 함부로 죽여서는 안 된다고 가르치고 고기를 먹지 않음

교황이 싫어하고 마호메트가 좋아한 동물

안녕, 나는 고등어야. 시공간 이동을 해서 중세 유럽에 와 있지.

어? 그런데 저기 고양이들이 겁에 질려 마구 달아나고 있어. 무슨 일이지?

"잠깐만, 너희들 왜 달아나니?"

"헉헉, 사람들이 우리를 죽이려고 해."

아니 왜? 저기 멋진 옷을 입은 할아버지가 보여. 어쩐지 친절하고 마음씨가 착할 것 같은 할아버지야. 저분에게 물어봐야겠어.

"할아버지, 안녕하세요."

"엇? 이 녀석도 고양이군. 여봐라, 이 녀석을 잡아라!"

에구, 친절할 줄 알았는데 알고 보니 사나운 할아버지네.

"왜 이러세요, 당신은 누구신데요?"

"나는 교황 그레고리우스다. 에헴!"

교황이 누군지 알아? 가톨릭교 지도자야. 옛날 유럽은 가톨릭교의 힘이 셌던 사회야. 그래서 교황의 신분도 매우 높았어.

"대체 왜 고양이를 죽이려는 거예요?"

"너희들 고양이는 사탄의 동물이야. 그래서 모두 죽여야 해."

"억울해요. 고양이는 사탄이 아니에요. 그저 잠 많고 게으른 동물일 뿐이에요."

"흥! 악마들은 주로 컴컴한 밤에 돌아다니는데 너희들도 밤에 활동하잖아? 게다가 울음소리도 악마처럼 기분 나빠. 너희는 사탄이 틀림없어.

여봐라, 이놈을 잡아라."

에구, 달아나야겠다.

시공간 마법!

"휴, 하마터면 죽을 뻔했잖아. 어? 그런데 여기는 어디지?"

길고양이들이 느긋하게 낮잠을 자고 있어. 사람들이 다가와도 도망가지 않아. 아까 유럽 고양이들은 사람을 피해 달아나기 바빴는데, 참 다르네. 여기는 어딜까?

"여기는 이슬람 세계야."
"앗! 당신은 누구세요?"
"나는 마호메트. 이슬람교를 창시한 사람이야. 사람들은 나를 '위대한 마호메트'라 부르지."
"마호메트 아저씨, 그런데 왜 이곳 고양이들은 사람을 봐도 도망가지 않나요?"

"하하, 그건 내가 고양이를 좋아하기 때문이야. 내 이야기를 해 줄게. 내게는 무에자라는 고양이가 있단다. 하루는 내가 명상을 하고 있는데 무에자가 소매 위에서 잠이 들었단다. 나는 무에자를 깨우기 싫어서 칼로 무에자가 엎드린 소매 주변을 잘라 냈어. 그 이야기를 들은 이슬람 사람들이 나를 따라서 고양이를 귀여워하기 시작했단다."

신기하다. 유럽은 고양이들이 죽어 가는데, 이웃 중동에서는 고양이들이 행복하게 살다니. 지금도 이슬람 국가들은 고양이를 소중하게 대하고 있어. 이슬람 국가인 터키는 우리 같은 길고양이들의 천국이야. 추운 겨울이 오면 길고양이들을 위해 따뜻한 잠자리를 마련해 줘.

2010년에 길고양이 한 마리가 살해되자, 터키 시민들은 동물보호법을 강화하라며 시위도 벌였어. 또 톰 빌리라는 유명한 길고양이가 병으로 죽자, 빌리가 늘 앉아 있던 곳에 동상까지 세워 줬어. 터키가 원산지인 고양이도 있어. 푸른 눈동자에 새하얀 털을 가진 예쁜 고양이, 터키시 앙고라야. 터키시는 터키, 앙고라는 터키의 수도 앙카라를 뜻해.

모모만 찾으면 나도 터키에 가서 살까?

02.
모모, 양치기 개가 되다

생활 동물과 인간의 생활

· 음식을 주는 동물
· 털과 가죽을 이용한 물건들
· 인간을 돕는 다양한 동물들
· 동물과 사람의 병
· 동물과 의학의 발전

한눈에 쏙 동물과 인간의 생활
한 걸음 더 돼지 독감과 조류 독감

 ## 음식을 주는 동물

사람이 모여 사는 곳을 사회라고 해요. 동물들은 우리 사회 곳곳에 많은 영향을 미치고 있어요. 우리가 먹는 것과 입는 것, 농사와 탈것, 심지어 질병까지 동물과 관련이 있답니다.

먼저 먹는 것부터 볼까요? 인간은 원시 시대부터 고기를 사랑했고 지금도 고기 소비량은 매년 늘어나고 있어요.

고기와 생선

우리는 가축은 물론 야생 동물과 강과 바다에 사는 동물까지 잡아먹어요. 고기를 먹는 방법은 다양해요. 구워 먹고, 볶아 먹고, 국으로 끓여 먹기도 하지요.

불에 익히지 않은 고기를 먹는 사람도 있어요. 에스키모인들은 사냥한 물개와 생선을 날것으로 먹어요. 에스키모는 '날것을 먹는 사람들'이란 뜻이에요.

고기와 생선에는 단백질 등 우리 몸에 필요한 영양소가 들어 있답니다.

젖과 알

동물은 고기뿐 아니라 젖과 알까지 인간에게 주어요. 소젖인 우유가 가장 유명하지만 양젖과 염소젖, 말젖을 먹는 나라도 있어요.

동물의 젖을 발효시키면 맛있는 치즈와 버터, 요구르트 같은 유제품을 만들 수 있어요. 몽골인들은 말젖을 발효시킨 마유주라는 술을 먹어요.

동물이 낳는 알로는 달걀과 거위알, 오리알, 메추리알, 타조알이 있어요. 생선의 알로도 맛있는 음식을 만들어요. 명태알로 만드는 명란젓과 철갑상어의 알인 캐비어가 있어요.

유제품

캐비어 요리

우리는 고기를 먹지 않아요!

어떤 사람들은 고기를 먹기 위해 살아 있는 동물을 죽이는 것이 옳지 않다고 생각해요. 또 고기를 먹지 않아도 충분히 건강하거나 더 건강할 수 있다고 주장해요. 이런 이유로 채식주의자가 되는 사람들도 있지요.

채식주의자에는 여러 종류가 있어요. 고기는 안 먹어도 달걀, 우유, 치즈까지는 먹는 사람도 있고, 오직 곡식과 채소만 먹는 엄격한 채식주의자도 있어요.

 털과 가죽을 이용한 물건들

'호랑이는 죽어서 가죽을 남기고 사람은 죽어서 이름을 남긴다'는 속담이 있어요. 동물의 털과 가죽은 인간이 처음으로 옷을 만들어 입은 재료예요. 오늘날에도 사람들은 털과 가죽으로 만든 옷을 즐겨 입어요. 그 밖에도 털과 가죽은 다양한 물건을 만드는 데 사용돼요.

털가죽은 따뜻해

지금도 알래스카나 몽골, 북극처럼 추운 지방에 사는 사람들은 사냥한 동물의 털가죽으로 만든 옷을 입고 추위를 견디기도 해요. 우리들도 겨울이 오면 너도나도 두터운 패딩이나 점퍼, 털외투를 꺼내 입어요.

동물의 털을 이용한 겨울용 제품은 또 있어요. 오리털과 거위털, 양털, 심지어 낙타의 털을 넣은 이불도 있어요. 장갑이나 목도리를 만들 때도 토끼털이나 여우털을 사용해요.

책과 붓도 만들어!

종이가 없던 시절, 서양에서는 양이나 소, 염소 가죽에 글을 써서 책을 만들었어요. 이 동물 가죽을 양피지라고 해요.

양 한 마리를 잡으면 양피지 4장이 만들어졌어요. 성경 한 권을 만들기 위해서는 200마리의 양과 18개월의 시간이 필요했어요.

그래서 옛날에는 책이 매우 귀했어요. 책값이 얼마나 비쌌던지 집 한 채를 팔면 겨우 책 6권 정도를 살 수 있었어요. 종이가 널리 보급되고 인쇄술이 발전하면서 책값은 무척 싸졌어요.

가죽이 종이였다면, 털은 종이에 글을 쓰는 붓의 재료예요. 염소털, 족제비털, 노루털 등등. 서예 붓은 물론 그림 그리는 붓을 만들 때도 동물의 털을 사용해요. 특히 담비와 족제비의 털로 만든 붓은 고급 붓으로 인기가 높아요.

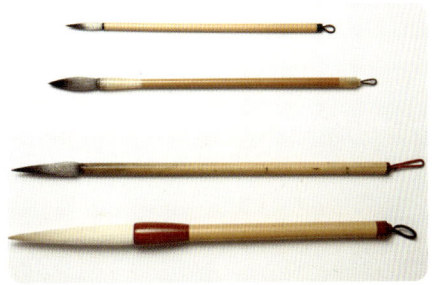

동물과 인간의 생활 • 39

인간을 돕는 다양한 동물들

동물들 중에는 다양한 능력을 가진 재주꾼들이 많아요. 그런 동물은 자신들의 능력을 인간을 위해 사용하고 있어요.

만능 재주꾼, 개

개는 냄새를 잘 맡는 동물이에요. 개의 후각 세포는 인간의 40배가 넘어요. 그래서 개는 공항에서 마약이나 폭발물을 냄새만으로 찾아내요. 또 시각 장애인들을 돕고, 겨울철 산에서 길을 잃은 사람을 구조하지요.

개는 인간의 감정을 빨리 읽는 능력을 갖고 있어요. 주인이 힘들거나 행복할 때면 슬픔과 기쁨을 나누지요. 그래서 사람들은 개를 '인류의 가장 오래된 친구'라고 불러요.

공항의 탐지견

시각 장애인 안내견

TIP 현상금이 걸린 마약 탐지견

콜롬비아 마약 조직에서 개에게 현상금을 걸었어요!
솜브라는 콜롬비아의 마약 탐지견 이름이에요. 마약 조직이 몰래 들여오려는 마약을 냄새만으로 귀신같이 찾아내지요.
솜브라가 발견한 마약은 10톤이 넘고 솜브라 덕분에 체포한 범죄자는 245명이나 돼요.
화가 난 마약 조직은 누구든 솜브라를 죽이는 사람에게는 아주 많은 현상금을 준다고 선언했어요. 이 소식을 들은 콜롬비아 정부는 경호 인력을 투입해 솜브라를 보호하고 있어요.

솜브라는 독일셰퍼드 암컷이에요. 독일셰퍼드는 일반적으로 셰퍼드라고 불리는 개로, 주둥이가 길고 삼각형의 귀가 곧게 서 있는 점이 특징이에요.
셰퍼드는 머리가 좋고 충성심이 강해서 마약 탐지견, 인명 구조견, 군견, 경찰견 등 다양한 분야에서 활약하고 있답니다.

농사를 짓는 동물들

"소가 없으면 9명이 쟁기를 끌어야 20~30마지기를 갈 수 있다."

조선 시대 농사책인 《금양잡록》에 나오는 말이에요. 농사를 지으려면 땅을 파서 돌이나 나무뿌리 등을 걷어 내야 해요. 소는 힘이 좋아서 여러 명이 하는 일을 혼자서 거뜬히 해냈어요.

소를 이용해 농사를 짓는 것을 '우경'이라고 해요. 우리나라는 신라 시대에 처음으로 우경이 시작되었어요. 유럽에서는 말이 밭을 갈기도 했어요. 요즘은 트랙터라는 기계가 그 일을 하고 있지만, 지금도 소와 말을 이용해 농사를 짓는 곳이 여전히 남아 있어요.

TIP 소는 재산이었다

우리 속담에 바늘 도둑이 소도둑 된다는 말이 있어요. 또 옛날에 '소도둑 같은 놈'이라는 말은 큰 욕이었어요. 농사가 가장 중요한 산업이었던 과거에는 소를 훔치는 것이 심각한 범죄였기 때문이에요. 농경 사회에서는 소가 전 재산이나 마찬가지였으니까요.

서양에서도 소는 중요한 재산이었어요. 영어로 '자본, 돈'을 뜻하는 캐피털(capital)은 '소 떼'를 뜻하는 캐틀(cattle)에서 만들어졌어요.

사람을 태우는 동물들

자동차가 발명되기 전, 말은 중요한 교통수단이었어요. 마차와 수레로 짐을 나르고 사람을 태웠어요.

사막에 사는 사람들은 말보다는 낙타를 많이 이용했어요. 사막은 모래바람이 많이 불고 물이 귀해요.

낙타 눈꺼풀은 3중으로 되어 있고 눈썹이 길어서 모래가 눈에 들어가는 것을 막아 줘요. 또 낙타는 입술이 튼튼하고 질겨서 가시가 달린 거친

선인장도 맛있게 먹어 치워요. 무엇보다 낙타는 물을 마시지 않아도 한 달을 버틸 수 있어서 사막에 가장 알맞은 동물이에요.

자동차가 널리 보급된 오늘날에도 사막에 사는 사람들은 낙타를 이용해 사막을 이동해요. 자동차는 모래에 파묻히기 쉽지만 낙타의 다리는 모래에 묻히지 않거든요.

북부 아프리카 상인들은 낙타에 돌소금을 싣고 사하라 사막을 건너요. 그래서 사람들은 낙타를 '사막을 건너는 배'라고 부르지요.

 **동물과 사람의 병**

가축이 늘 인간에게 이로움만 주는 것은 아니에요. 동물의 몸에는 많은 세균과 바이러스가 있어요. 그래서 인간이 가축을 기르고 동물과 접촉하면서 수많은 질병이 발생했지요.

가축에게서 온 전염병

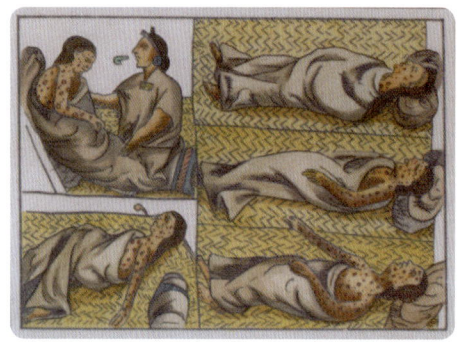
멕시코 아즈텍 제국에 전해졌던 천연두

1500년대, 유럽 군대와 신대륙(오늘날 아메리카 대륙) 원주민 사이에 전투가 벌어졌어요. 하지만 원주민들은 어쩐 일인지 제대로 싸우기도 전에 픽픽 쓰러졌어요. 홍역, 천연두와 같은 전염병에 걸렸기 때문이에요. 그 전염병은 유럽 군인들로부터 옮은 것이에요. 유럽 군인들의 몸에는 병균이 득실득실했거든요. 그런데 정작 유럽 군인들은 멀쩡했어요. 아파서 쩔쩔맨 것은 원주민들뿐이었는데, 어떻게 된 일일까요?

전염병 중에는 가축에게서 옮은 것이 많아요. 예를 들어 홍역과 결핵, 천연두는 소에게서, 메르스는 낙타에게서 옮은 것이에요.

인류가 처음으로 가축을 길렀을 때, 사람들은 동물들이 옮기는 전염병으로 몹시 고생했어요. 죽은 사람도 많았지요. 그런데 시간이 흐르자 이런 병을 이길 수 있는 힘이 사람들 몸에 생겼어요. 그래서 가축을 기르는 환경에 익숙했던 유럽 군인들은 아무렇지 않았던 거예요.

하지만 신대륙 주민들은 그렇지 못했어요. 그들은 이런 병에 걸린 적이 없었어요. 신대륙에는 개나 소와 말, 양 같은 가축이 거의 없었기 때문이에요. 병에 걸린 적이 없었기 때문에 병을 이길 힘도 없었어요. 전염병은 신대륙에서 순식간에 퍼져 나갔어요. 덕분에 유럽은 손쉽게 신대륙을 점령할 수 있었어요.

사람과 동물이 함께 걸리는 병

사람이 걸린 감기는 동물에게 전염되지 않아요. 또 개가 감기에 걸려도 사람에게는 전염되지 않아요. 동물과 사람은 걸리는 감기가 다르기 때문이에요.

그런데 동물과 사람이 함께 걸리는 병도 있어요. 이런 병을 '인수 공통 전염병'이라고 불러요. '인'은 사람, '수'는 동물을 뜻해요.

대표적인 것이 결핵, 페스트, 탄저병이에요. 그중 페스트는 역사상 가장 무서운 전염병 중 하나예요. 페스트는 쥐의 몸에 있는 벼룩이 페스트균을 옮겨 생기는 병이에요. 1300년대 유럽에서는 페스트가 발생해 3명 중 1명꼴로 사람이 죽었어요.

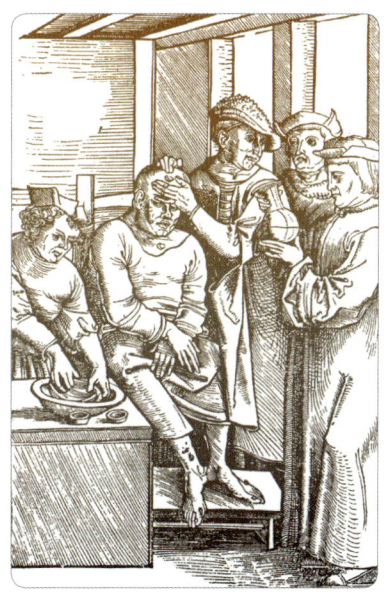

중세 유럽을 공포에 떨게 했던 페스트

동물과 의학의 발전

전염병이 자주 발생하자 사람들은 질병을 치료하기 위해 안간힘을 썼어요. 그런 덕분에 의학에서 눈부신 발전을 이뤘어요. 동물을 이용해 전염병을 치료하는 약과 예방하는 백신도 만들어 냈어요. 대표적인 것이 천연두와 소아마비예요.

소를 이용한 천연두 백신

천연두는 '전염병의 제왕'이라 불리는 무서운 전염병이에요. 영국 엘리자베스 여왕, 청나라 강희 황제, 조선의 다산 정약용도 천연두에 걸렸어요. 천연두로 사망한 사람은 3억 명이 넘어요.

일단 걸리면 10명 중 3명이 목숨을 잃는 무서운 병이었어요. 운 좋게 목숨을 건져도 얼굴에 울퉁불퉁 흉터가 남곤 했어요.

에드워드 제너

1700년대 영국 의사 제너는 소를 이용해 천연두를 예방하는 백신을 발명했어요. 이 백신 덕분에 사람들은 천연두의 공포에서 벗어날 수 있었어요. 그리고 1980년 세계보건기구는 지구에서 천연두가 사라졌다고 선언했어요.

원숭이를 이용한 소아마비 백신

조너스 소크

소아마비는 어린이들이 많이 걸리는 병이에요. 이 병에 걸리면 다리를 절고 심하면 목숨까지 잃었어요. 고대 이집트 벽화에도 소아마비 환자 그림이 있을 정도로 오랜 세월 어린이들을 괴롭혔지만 치료제도 예방약도 없었어요.

그러다 1952년 미국 교수 조너스 소크가 원숭이를 이용해 소아마비를 예방하는 백신을 개발했어요. 이 백신 덕분에 현재 소아마비는 지구에서 아프리카의 몇 나라를 제외하고 자취를 감추었어요.

TIP 동물을 치료하는 의학 & 의사

수의학은 동물을 치료하는 의학이고, 수의사는 아픈 동물을 치료해 주는 사람이에요. 수의학과 수의사의 역사는 아주 오래되었어요. 중국에는 2,700년 전부터 수의사가 있었어요.

우리나라도 삼국 시대에 수의박사라는 직책이 있었어요. 고구려 시대에 승려 혜자는 일본으로 건너가 아픈 말을 치료하는 방법을 가르쳤어요.

조선 시대에는 백광현이라는 마의가 있었어요. 마의는 다친 말을 치료하고 돌보는 수의사예요. 원래 백광현은 궁궐을 지키는 군인이었어요. 어느 날 백광현은 말을 타고 훈련을 받다가 말에서 떨어졌어요.

그때부터 백광현은 말에 관심을 가지게 되었고 마의가 되었어요. 당시 마의는 천한 신분이었지만, 백광현은 임금님의 종기를 치료해 그 공으로 어의가 되었어요. 어의는 임금님을 돌보는 최고의 의원을 말해요.

동물과 인간의 생활

음식을 주는 동물
- 인간은 원시 시대부터 고기와 생선을 먹음
- 동물은 고기 말고도 젖과 알을 인간에게 제공(우유, 양젖, 염소젖, 유제품, 달걀, 거위알, 오리알, 메추리알, 타조알, 생선의 알 등)
- 고기를 먹기 위해 동물을 죽이는 것에 반대하는 사람들도 있음

털가죽으로 만든 옷
- 동물의 털과 가죽은 인간이 처음으로 옷을 만들어 입은 재료
- 알래스카·몽골·북극처럼 추운 지방에 사는 사람들이 입는 동물 옷, 겨울철 패딩, 점퍼, 털외투, 장갑, 목도리 등

가죽으로 만든 책, 털로 만든 붓
- 종이가 없던 시절 서양에서는 양이나 소, 염소 가죽에 글을 써서 책을 만듦
- 양피지 : 글을 쓸 때 사용했던 동물 가죽
- 글을 쓰고 그림을 그리는 데 필요한 붓의 재료로 동물의 털을 사용

인간을 돕는 다양한 동물들

- 개 : 마약이나 폭발물 찾기, 시각 장애인 돕기, 길 잃은 사람 구조하기에 이용 슬픔과 기쁨을 나누는 '인류의 가장 오래된 친구'
- 소 : 소를 이용해 밭을 갈고 농사를 지음(우경)
- 말 : 농사짓는 데 이용. 자동차가 발명되기 전의 중요한 교통수단
- 낙타 : 사막에 사는 사람들은 말보다 낙타를 이용. 오늘날에도 모래에 파묻히기 쉬운 자동차 대신 낙타로 사막을 이동

동물과 사람의 병

- 가축에서 옮은 전염병 : 소에게서 옮은 홍역·결핵·천연두, 낙타에게서 옮은 메르스 등
- 인수 공통 전염병 : 동물과 사람이 함께 걸리는 병으로 결핵, 페스트, 탄저병이 대표적

동물과 의학의 발전

- 천연두 백신 : 에드워드 제너가 소를 이용해 개발
- 소아마비 백신 : 조너스 소크가 원숭이를 이용해 개발

돼지 독감과 조류 독감

독감에 걸린 돼지를 찾아내는 열 감지 카메라

2009년, 처음 보는 독감이 세계를 휩쓸었어요. 미국과 멕시코의 돼지 농장에서 키우던 돼지들로부터 인간에게 감염되었다고 해서 돼지 독감이라는 이름이 붙었지요.

돼지 독감이 퍼지는 것을 막기 위해 수많은 돼지들이 죽임을 당했고, 겁에 질린 사람들은 돼지고기 소비도 줄였어요. 사실 돼지 독감은 70도 이상으로 가열된 돼지고기를 먹는 것으로는 전파되지 않는데도요. 그러자 삼겹살집과 마트 정육점은 손님이 크게 줄어들었어요. 돼지를 키우는 양돈업자들은 화가 났어요.

"돼지 독감이란 이름 때문에 돼지 이미지가 나빠졌어요!"

결국 세계보건기구는 돼지 독감 대신 신종 플루로 이름을 바꿨어요. 플루란 독감을 뜻하는 인플루엔자를 줄인 말이에요. 이름을 바꾸자 신

기하게도 돼지고기를 찾는 사람이 다시 늘어났어요.

2016년 겨울, 이번에는 조류 독감이 발생했어요. 이름에서 알 수 있듯 조류 독감은 철새와 집오리, 닭 같은 조류에게만 발생하는 병이었어요. 그런데 1997년 홍콩에서 조류  독감에 걸린 사람이 나타나면서 세계는 깜짝 놀랐어요. 조류 독감이 유행하면서 많은 사람이 죽기도 했지요.

사람들은 조류 독감이 발생한 지역의 닭과 오리, 심지어 메추리까지 죽였어요. 사람에게 옮기면 안 되니까요. 양계장과 오리 농장은 물론 치킨집, 오리구이집도 줄줄이 피해를 입었어요.

조류 독감 바이러스도 70도 이상의 열을 가하면 사라져요. 그래서 사실 익히거나 튀긴 닭고기, 오리고기를 먹는 것은 문제가 없지요.

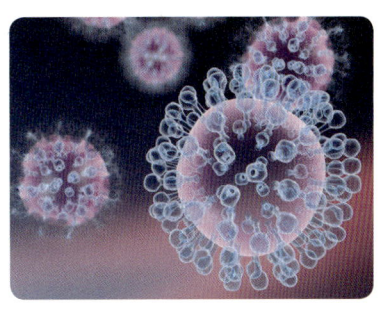
조류 독감을 일으키는 바이러스

03. 여우 구출 작전

환경 위기에 처한 야생 동물

- 멸종된 동물들
- 멸종 위기의 동물들
- 우리나라의 멸종 위기 동물
- 멸종 위기 동물을 돕자

한눈에 쏙 위기에 처한 야생 동물
한 걸음 더 일제 강점기에 사라진 동물들

 ## 멸종된 동물들

생물의 한 종류가 완전히 없어지는 것을 멸종이라고 해요. 최근 많은 야생 동물이 인간의 욕심 때문에 빠르게 사라지고 있어요.

기후 변화로 멸종한 첫 포유류 - 브램블 케이 멜로미스

'브램블 케이 멜로미스'는 쥐처럼 생긴 작은 동물이에요. 호주의 산호섬에서 식물을 먹으면서 살던 동물인데, 10년쯤 전부터 갑자기 보이지 않았어요. 2016년, 과학자들은 브램블 케이 멜로미스가 멸종했다고 공식적으로 발표했어요. 브램블 케이 멜로미스는 기후 변화로 멸종된 첫 포유류*가 되었지요.

멸종의 범인은 인간

기후 변화에 따른 멸종의 범인은 우리 인간이에요. 우리가 석탄과 석유를 사용할 때마다 이산화탄소가 발생해요. 이산화탄소가 공기 중에 많아지면 지구는 더워져요. 이것을 지구 온난화라고 해요. 지구가 따뜻해지면 해수면이 높아져 섬들이 물에 잠겨요. 브램블 케이 멜로미스가 살던 섬에도 바닷물이 들어와 멸종한 거예요.

★**포유류** 새끼에게 젖을 먹이는 동물

인간의 탐욕으로 많은 동물들이 사라지고 있어요. 파란 영양은 남아프리카에 살던 동물이에요. 파란 영양의 털가죽을 탐낸 인간이 마구 사냥하면서 파란 영양은 멸종했어요.

파란 영양

인도양의 섬에는 날지 않는 도도새가 살았어요. 이 섬에 인간이 들어와 도도새와 알까지 잡아먹자 도도새는 멸종했어요. 그 밖에 바바리 사자, 홋카이도 늑대 등도 인간 때문에 사라졌어요.

남아 있는 동물들도 안전하지 않아요. 이미 지난 50년 동안 상어나 참치 같은 거대 물고기의 90퍼센트가 사라졌어요. 과학자들은 이대로라면 머지않아 지구에 사는 동물 종류의 75퍼센트 이상이 사라질 거라고 경고해요.

도도새   바바리 사자

위기에 처한 야생 동물

 멸종 위기의 동물들

패션을 위해 희생되는 동물들

두 명의 미국 남자가 밍크 농장을 돌아다니며 5천740마리의 밍크를 몰래 풀어 줬어요. 경찰이 두 남자를 체포하자 동물 보호 단체들이 반발했어요.

"두 사람은 죄가 없다. 고통받는 동물을 풀어 준 것뿐이다!"

밍크는 물에 사는 족제비과 동물이에요. 밍크의 털과 가죽은 부드럽고 아름다워서 오래전부터 많은 사람들이 탐냈어요. 밍크코트 한 벌을 만들려면 밍크 50마리가 필요해요. 긴 코트는 100마리나 필요하고요. 사람들은 앞다투어 밍크를 사냥했고, 오늘날 밍크는 멸종 위기예요.

밍크뿐만이 아니에요. 붉은여우, 너구리, 담비, 친칠라 등 아름다운 털가죽을 가진 동물들이 멸종 위기에 처해 있어요.

살 곳을 빼앗긴 동물들

멧돼지는 산에 사는 돼지예요. 최근 멧돼지들이 도시에 자주 나타나 사람들을 깜짝 놀라게 하고 있어요.

미국 콜로라도주에서는 곰이 마을에 내려와 쓰레기통을 뒤지는 모습이 발견되곤 해요. 왜 산에 사는 동물들이 사람 사는 곳까지 내려올까요?

옛날에는 인간이 사는 마을과 야생 동물이 사는 서식지가 멀리 떨어져 있었어요. 그런데 인구가 늘어나자 사람들은 새로운 마을과 도시를 만들기 위해 야생 동물이 살던 영역까지 침범했어요. 숲속 나무들은 베이고 산은 평평하게 깎이고 늪은 메워졌어요. 살던 곳을 빼앗긴 동물들은 배가 고파 마을까지 내려와 쓰레기통을 뒤지고 음식 찌꺼기를 먹기 시작했어요.

삼림 개발로 여우원숭이는 94퍼센트 넘게 사라졌고, 수마트라코뿔소는 100마리도 남지 않았어요. 오랑우탄, 호랑이, 코끼리 등도 눈에 띄게 숫자가 줄고 있어요. 현재 양서류*의 41퍼센트, 포유류의 26퍼센트가 멸종 위기예요. 그리고 매년 최소한 50종이 넘는 동물들이 새롭게 멸종 위기에 처하고 있어요.

★ **양서류** 개구리처럼 땅 위나 물속에서 모두 사는 동물로, 피부가 미끈하고 축축함

 ## 우리나라의 멸종 위기 동물

우리나라는 1989년부터 멸종 위기 생물을 지정해서 보호하고 있어요. 하지만 그런 노력에도 멸종 위기 동물은 점점 늘어나고 있어요. 1989년에는 멸종 위기 생물이 92종이었는데 지금은 267종이고, 그중 동물이 176종이에요. 멸종 위기 동물에는 크게 1급과 2급이 있어요.

1급 멸종 위기 동물

개체 수가 크게 줄어 심각한 멸종 위기에 처한 동물을 말해요. 늑대, 대륙사슴(꽃사슴), 반달가슴곰, 붉은박쥐, 사향노루, 산양, 여우, 표범, 호랑이, 검독수리, 두루미, 비바리 뱀 등이 있어요.

늑대　　　대륙사슴　　　반달가슴곰　　　사향노루

산양　　　　　　여우　　　　　　두루미

호랑이

표범

검독수리

2급 멸종 위기 동물

　개체 수가 꾸준히 줄고 있어서 이대로 두면 머지않아 멸종할 가능성이 있는 동물을 말해요. 담비, 무산쇠족제비, 물개, 물범, 삵, 개리, 고니, 독수리, 따오기, 뜸부기, 구렁이 등이 있어요.

담비

물개

개리

고니

삵

 멸종 위기 동물을 돕자

무분별한 사냥 금지

코끼리의 상아, 코뿔소의 뿔, 곰의 쓸개인 웅담 등등. 몸에 좋고 보기 좋다는 이유로 많은 야생 동물들이 사냥꾼의 총에 죽어 가고 있어요. 동물 보호 단체를 비롯해 국제 사회가 무분별한 야생 동물 사냥을 못 하도록 법과 제도를 만들고 철저히 감시해야 해요.

야생 동물 복원

멸종 위기에 있는 동물들을 복원해서 개체 수를 늘리는 것도 방법이에요. 세계 여러 나라에서 야생 동물 복원을 위해 노력하고 있는데, 중국의 대왕판다 복원 사업, 미국의 버펄로 복원 사업 등이 있어요. 한국은 월악산에서는 산양, 지리산에서는 반달가슴곰, 그리고 소백산에서는 여우 복원 사업을 하고 있지요.

생활 속에서 실천하기

야생 동물이 살 수 있는 환경을 만들기 위해 우리들도 생활 속에서 힘을 보탤 수 있어요. 플라스틱과 비닐 사용을 줄이고, 전기와 가스를 절약하고 자동차를 타는 대신 걷거나 자전거를 이용해요. 야생 동물이 살아가는 터전을 깨끗하게 만드는 방법이에요.

TIP 꿀벌이 사라진다면?

꿀을 찾아 꽃을 옮겨 다니는 꿀벌의 발에는 꽃가루가 잔뜩 묻어 있어요. 이 꽃가루 때문에 식물이 번식을 하고 열매를 맺어요. 중요 농작물의 70퍼센트 이상이 꿀벌의 도움으로 열매를 맺지요. 특히 아몬드는 100퍼센트 꿀벌에 의존해요. 만일 꿀벌이 사라진다면 맛있는 아몬드도 못 먹고, 세계는 굶주리게 될 거예요. 최근 꿀벌의 숫자가 눈에 띄게 줄어들고 있어요. 가장 큰 이유는 살충제의 사용과 휴대 전화 전자파 그리고 지구 온난화예요. 미국은 2016년 꿀벌을 멸종 위기종으로 지정했어요.

위기에 처한 야생 동물

멸종된 동물들

- 브램블 케이 멜로미스 : 기후 변화로 멸종된 첫 포유류
- 파란 영양 : 털가죽을 탐낸 인간들이 마구 사냥을 하면서 멸종
- 도도새 : 인도양에 살던 날지 않는 새로, 인간이 알까지 잡아먹어 멸종
- 바바리 사자, 홋카이도 늑대 등도 인간에 의해 멸종

멸종 위기의 동물들

- 패션을 위해 희생되는 동물 : 밍크, 붉은여우, 너구리, 담비, 친칠라 등 아름다운 털가죽을 가진 동물들이 멸종 위기에 처함
- 숲과 산을 개발하면서 야생 동물들이 살 곳을 잃어 감
- 개발로 인해 여우원숭이, 수마트라 코뿔소, 오랑우탄, 호랑이, 코끼리 등 야생 동물의 수가 눈에 띄게 줄고 있음

우리나라의 멸종 위기 동물

- 1989년부터 멸종 위기 생물을 지정해 보호하고 있음
- 멸종 위기 동물은 크게 1급과 2급이 있음

1급 멸종 위기 동물

- 개체 수가 크게 줄어 심각한 멸종 위기에 처한 동물
- 늑대, 대륙사슴(꽃사슴), 반달가슴곰, 붉은박쥐, 사향노루, 산양, 여우, 표범, 호랑이, 검독수리, 두루미, 비바리 뱀 등

2급 멸종 위기 동물

- 심각한 멸종 위기는 아니지만, 개체 수가 꾸준히 줄고 있어 이대로 두면 머지않아 멸종할 가능성이 있는 동물
- 담비, 무산쇠족제비, 물개, 물범, 삵, 개리, 고니, 독수리, 따오기, 뜸부기, 구렁이 등

멸종 위기 동물을 돕는 법

- 무분별한 사냥 금지, 야생 동물 복원
- 생활 속에서 실천할 수 있는 일 : 플라스틱과 비닐 사용 줄이기, 전기와 가스 절약하기, 자동차를 타는 대신 걷거나 자전거 이용하기

일제 강점기에 사라진 동물들

"조선인은 1년 중 반년은 호랑이에게 물려 죽은 사람의 장례식장에 참석하고, 나머지 반년은 호랑이 사냥을 나간다."

중국인이 조선의 호랑이에 대해 한 말이에요.

조선 초기에는 호랑이가 많았어요. 얼마나 많았는지 임금님이 사는 궁궐에까지 들어와 새끼를 낳았을 정도예요. 하지만 그 많던 호랑이도 1700년대부터는 숫자가 크게 줄어들었어요. 전염병에 걸려 죽고, 먹을 것이 없어서 굶어 죽었어요.

얼마 남지 않은 조선의 호랑이들은 일제 강점기였던 1921년을 끝으로 남한에서 완전히 사라졌어요. 조선을 침략한 일본인들이 우리나라에 머무는 동안 무자비하게 호랑이를 사냥했기 때문이에요.

조선의 대륙사슴은 꽃사슴이라 불릴 만큼 예쁘고 귀여웠어요. 일본은 대륙사슴의 뿔이 몸에 좋다고 생각해 마구 사냥했어요. 그 결과 대륙사슴은 멸종했어요. 다행히 지금은 복원

을 위한 노력을 하고 있어, 꽃사슴이 한국 땅에 돌아올 수도 있어요.

일제 강점기에 멸종한 동물은 또 있어요. 강치는 바다사자에 속하는 해양 동물이에요. 독도에는 200년 전까지 5만 마리가 넘는 강치들이 살고 있었어요. 그러나 일제 강점기가 시작되자 일본 어부들이 독도에 들어와 닥치는 대로 강치를 사냥했어요. 일본인들은 강치를 죽여 기름을 빼내고 가죽을 벗겨 가방을 만들었어요. 또 일부는 살려 뒀다가 서커스단에 팔아넘겼어요. 독도 강치는 1972년 이후 완전히 사라졌어요.

그 밖에 곰과 한반도 토종견인 동경이와 삽살개도 일본에 의해 멸종 위기까지 갔다가 겨우 살아남았어요.

위기에 처한 야생 동물 • 69

04.
서커스단에 잡힌 고등어

윤리 동물의 고통과 동물권

· 학대받는 동물들
· 동물을 생각하는 동물권
· 동물권을 위해 노력한 사람들

한눈에 쏙 동물의 고통과 동물권
한 걸음 더 왜 살충제 달걀이 생겼을까?

 학대받는 동물들

공장식 사육

 우리가 평생 어깨너비의 공간에서 살아야 한다면 어떨까요? 앉지도 못하고 눕지도 못하고, 밥도 서서 먹고 똥과 오줌도 서서 눠야 해요. 하루하루가 지옥일 거예요.

 동물뉴스 기자 고등어가 그런 공장식 사육장에 사는 동물들을 취재했어요. 함께 만나 보아요.

　공장식 사육은 더 많은 고기와 우유를 얻기 위해 공장처럼 생긴 건물에 가축들을 가득 채워 사육하는 것이에요. 식탁에 오르는 고기의 99퍼센트가 공장식 사육장에서 와요. 동물들에겐 몹시 슬픈 일이지요.

★**성장 촉진제** 생물이 빨리 자라게 하는 화학 물질

강아지 공장

한국인 5명 중 1명 이상이 반려동물을 기르고 있어요. 반려동물을 키우고 싶은 사람이 많아지자 반려동물을 전문적으로 번식시켜 판매하는 곳이 생겼어요. 대표적인 곳이 강아지 공장이에요.

쉴 새 없이 알을 낳는 닭장 속 암탉처럼, 어미 개들은 좁고 더러운 곳에 갇혀 강아지들을 끊임없이 낳아요. 태어난 강아지는 50일이 되면 어미 개와 헤어져 사람들에게 팔려 가요.

버려지는 반려동물

2018년 기사에 따르면 여름 휴가철에 매일 330마리의 반려동물이 길에 버려졌어요. 주인이 잃어버린 아이들도 있지만, 버려진 동물(유기 동물)들이 더 많았어요.

이런 동물들을 보호하는 곳이 유기 동물 보호소예요. 그런데 주인에게 돌아가거나 새 주인을 찾은 아이들은 반도 되지 않아요. 안타깝지만 유기 동물 보호소는 영원히 이 녀석들을 데리고 있지는 않아요. 동물을 수용할 공간이 정해져 있는데 버려지거나 길 잃은 동물들은 매일 쏟아져 들어오니까요. 끝내 갈 곳이 없는 동물들은 안락사*를 시켜요.

★ **안락사** 고통이 적은 방법으로 생명을 단축하는 행위

사람들이 반려동물을 버리는 이유는 다양해요. 늙거나 병이 들어서, 이사를 가는 곳에서 반려동물을 금지해서, 귀찮아서 등등. 하지만 반려동물은 갖고 놀다가 지겨워지면 버려도 되는 장난감이 아니에요. 반려동물도 우리처럼 소중한 생명이므로 기를 때 책임감이 필요해요.

동물 쇼를 위한 학대

무대 위로 곰이 나타났어요. 곰이 자전거를 타자 관객들은 웃음을 터뜨렸어요. 코끼리가 물구나무를 섰어요. 사람들은 '우아!' 하면서 감탄했어요. 이제 물개 차례예요. 물개가 이마에 공을 올려놓고 뒤뚱뒤뚱 걷자 사람들이 박수를 쳤어요.

그런데 사람들에게 즐거움을 주는 이 동물들은 결코 행복하지 않아요. 좁은 곳에 갇혀서 학대받고 있거든요. 조련사들은 동물을 채찍으로 때리고, 갈고리가 달린 막대기로 찔러요. 동물의 몸에 전기가 흐르는 침을 갖다 대기도 하지요. 위험한 묘기를 연습하다가 죽거나 다친 동물들도 많아요.

실험실의 동물들

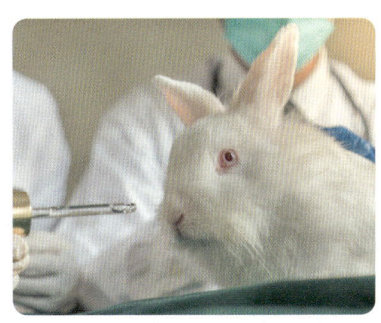

실험실에 토끼 한 마리가 잡혀 있어요. 누군가 토끼의 눈에 화장품을 넣어요. 눈 주위에 바르는 새로 개발한 화장품이에요. 화장품 회사는 이렇듯 사람들에게 제품을 팔기 전에 동물 실험을 해요.

왜 동물 실험을 하냐고요? 사람이 사용했다가 병이 생기면 안 되니까요. 3,000번이 넘는 실험 끝에 벌겋게 눈이 충혈된 토끼는 괴로워서 몸부림치지만 실험은 멈추지 않아요. 결국 토끼는 눈이 멀고 말아요.

화장품뿐이 아니에요. 새로운 약을 개발할 때도 동물에게 실험을 해요. 주사기로 병균과 바이러스를 몸속에 넣기도 해요. 영국의 한 대학에서는 쥐를 한 달 동안 재우지 않는 실험을 하기도 했어요.

또 갓 태어난 쥐의 다리를 자르고 새끼 고양이의 눈을 멀게 하고, 심지어 달리는 자동차에 돼지와 원숭이가 부딪히는 실험도 있어요. 매년 약 5억 마리의 동물이 잔인한 실험에 이용되고 있어요.

과학자들은 동물 실험 덕분에 안전한 화장품을 만들고 좋은 치료약을 개발해서 수많은 생명을 구했다고 말해요. 하지만 인간의 행복을 위해 동물에게 고통을 주고 함부로 다뤄도 되는 걸까요?

TIP 동물 실험의 3R 원칙

1959년 영국의 동물학자 윌리엄 러셀과 미생물학자 렉스 버치는 동물 실험의 3가지 원칙을 이야기했어요. 그 3가지 원칙을 3R이라 해요.

첫째, 감소(Reduction). 실험동물의 숫자를 최대로 줄일 것
둘째, 대체(Replacement). 가능하면 동물 실험 말고 다른 실험으로 대신할 것
셋째, 개선(Refinement). 어쩔 수 없이 실험을 해야 한다면 동물의 고통을 최소화할 것

 동물을 생각하는 동물권

동물권이란 동물도 사람처럼 고통이나 학대를 받지 않을 권리가 있다는 뜻이에요. 오랫동안 인간은 동물을 물건이나 재산으로 다루었어요. 그래서 동물을 함부로 다루어도 문제가 없다고 생각했어요. 하지만 사람에게 인권이 있듯, 동물에게도 동물권이 있어요.

인간은 동물보다 우월하다?

나쁜 짓을 저지른 사람에게 우리는 '짐승만도 못하다.'라고 말하곤 해요. 이 말 속에는 사람은 동물보다 위에 있다는 생각이 담겨 있어요. 이런 믿음은 동양이나 서양이나 크게 다르지 않았어요.

그리스의 철학자 아리스토텔레스는 동물은 인간을 위해서 만들어졌다고 말했어요. 그는 또 동물에게는 영혼이 없다고 했어요. 영혼이 없기 때문에 동물에게 무슨 짓을 해도 죄가 아니라고 생각했지요.

400년 전의 프랑스 철학자 데카르트도 비슷한 말을 했어요. 데카르트는 동물이 '정신도, 영혼도, 감정도 없는 기계'라고 주장했어요. 그래서 동물은 맞아도 고통을 못 느낀다고 말했어요.

"말도 안 돼, 동물들도 아프면 울잖아요?"

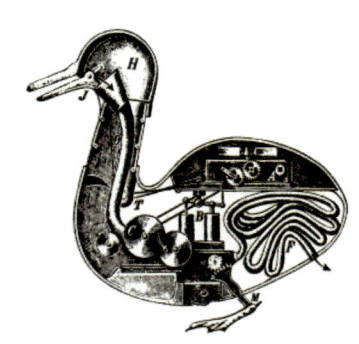

"그건 아파서 우는 게 아냐. 동물들이 우는 건 우리가 시계를 밟으면 '뿌직!' 소리가 나는 것과 같다고."

데카르트의 주장은 훗날 동물 실험에 큰 영향을 미쳤어요. 동물에게 잔인한 실험을 하면서도 과학자들은 별로 죄책감을 느끼지 않았어요. 데카르트 말대로 동물이 고통을 느끼지 못한다고 생각했으니까요.

동물도 사람과 다르지 않아!

그러나 1700년대의 영국 철학자 벤담은 생각이 달랐어요. 벤담은 동물도 사람처럼 고통을 느낀다고 생각했어요. 그래서 동물도 사람처럼 보호받을 권리가 있다고 주장했지요.

그보다 앞서 이탈리아 화가 레오나르도 다빈치도 왜 인간이 동물보다 우월한지 이해할 수 없다고 말했어요.

벤담

1800년대 영국인 생물학자 찰스 다윈은 진화론을 주장했어요. 진화론에 따르면, 인간과 원숭이는 같은 조상에서 나뉜 존재들이에요. 쉽게 말해, 원숭이와 인간은 먼 친척쯤 되는 것이지요.

"말도 안 돼! 동물인 원숭이와 인간이 친척 관계라니?"

당시 사람들은 그럴 리가 없다고 펄펄 뛰었어요. 하지만 오늘날 세계의 많은 학교에서는 생물 시간에 진화론을 가르치고 있지요. 다윈은 인간이 동물로부터 진화한 만큼, 동물에게도 감정과 협동심, 이타심이 있다고 생각했어요.

동물 보호 운동

본격적인 동물 보호 운동은 1800년대부터 시작되었어요. 시작은 영국에서부터였어요. 영국은 1822년 세계 최초로 동물 복지법을 만들었어요. 그리고 1824년에는 가축 학대를 반대하는 단체인 동물학대방지협회(RSPCA)가 결성되었어요. 몇 년 후, 프랑스 의사 에티엔 파리제는 동물보호협회(SPA)를 만들어 버려진 개와 고양이를 보호했어요.

학대받는 동물들을 위한 노력들

동물 쇼를 하는 동물들이 학대와 스트레스를 받지 않도록 법과 제도를 마련해야 해요. 또 동물 실험을 한 제품은 동물 실험 표시를 제품에 부착해서 소비자들에게 알려야 해요. 우리나라는 이미 동물 실험을 한 화장품을 팔 수 없도록 하고 있어요.

또 가축들은 넓고 쾌적한 우리로 옮겨, 충분히 운동하고 햇볕을 쬘 수 있는 사육 환경을 만들어야 해요. 고기를 얻기 위해 가축들을 죽여야 할 때는 동물들이 두려움에 떨지 않고 생을 마칠 수 있도록 도축 시설에 신경을 써야 해요. 무엇보다 동물도 사람처럼 기뻐하고 슬퍼하고 아파하는 생명체라는 것을 잊지 않는 것이 가장 중요해요.

 동물권을 위해 노력한 사람들

그림으로 동물과 대화한 '템플 그랜딘'

자폐증*이었던 템플에게는 친구가 아무도 없었어요. 외로웠던 템플은 농장 동물들과 많은 시간을 보냈어요.

템플에게는 놀라운 재능이 하나 있어요. 템플은 말을 잘 못하는 대신 모든 것을 그림으로 생각했지요. 소와 말, 돼지가 무엇을 불편해하고 무엇을 원하는지 그림으로 그렸어요. 템플은 동물들이 좀 더 편하게 움직일 수 있는 농장을 생각해 냈어요. 또 동물들이 생을 마감하는 도살장도 동물들이 최대한 무서워하지 않도록 설계했어요.

★**자폐증** 다른 사람과 잘 어울리지 못하고 혼자만의 세계에 갇혀 있는 병

침팬지들의 엄마 '제인 구달'

제인 구달은 '침팬지들의 엄마'라 불려요. 제인은 1934년 영국에서 태어났어요. 1956년에 아프리카 케냐로 여행을 갔다가 아프리카 침팬지에 흠뻑 빠졌지요. 제인은 침팬지 구역에 들어가 10년 동안 침팬지를 연구해 사람들을 놀라게 했어요. 그때까지 사람들은 오직 인간만이 도구

를 사용할 줄 안다고 믿었어요. 그런데 제인은 침팬지도 도구를 능숙하게 다룰 줄 안다는 사실을 밝혀냈어요.

이후 제인은 전 세계를 돌며 환경 운동을 했어요. 자신의 이름을 딴 '제인 연구소'를 세우고, 머리가 하얀 할머니가 된 지금도 야생 동물 연구와 보호에 힘을 기울이고 있어요.

동물 차별에 반대한 '피터 싱어'

사람을 인종에 따라 차별하는 것을 인종 차별이라고 하지요. 호주의 학자 피터 싱어는 동물이라는 이유로 사람이 동물을 차별하는 것은 '종의 차별'이므로, 인종 차별만큼 나쁘다고 말했어요. 생명체는 인간이나 동물이나 모두 소중하기 때문에 동물에게도 존중받을 권리가 있다는 뜻이

에요. 그런 피터 싱어가 쓴 《동물 해방》은 동물권 운동이 전 세계로 확산되는 중요한 계기가 되었어요.

동물의 고통과 동물권

공장식 사육
- 더 많은 고기와 우유를 얻기 위해 공장처럼 생긴 건물에 닭, 소, 돼지 등의 가축을 가득 채워 사육하는 것

강아지 공장
- 판매를 목적으로 강아지를 전문적으로 번식시키는 곳
- 어미 개들이 좁고 더러운 곳에 갇혀 강아지들을 끊임없이 낳음

버려지는 반려동물
- 유기 동물 보호소 : 버려지거나 길 잃은 동물을 보호하는 곳
- 반려동물도 소중한 생명이므로 기를 때 책임감이 필요함

동물 쇼
- 동물 쇼를 위해 동물들은 좁은 곳에 갇혀 학대받음
- 위험한 묘기를 연습하다가 죽거나 다친 동물도 많음

실험실의 동물들

- 새 화장품과 약을 개발할 때 동물을 실험에 이용하는 경우가 많음
- 동물 실험의 3R 원칙 : 실험 동물의 숫자를 최대한 줄일 것(Reduction), 가능하면 다른 실험으로 대체할 것(Replacement), 어쩔 수 없이 실험을 한다면 동물의 고통을 최소화 할 것(Refinement)

동물권의 발달

- 동물권 : 동물도 사람처럼 고통이나 학대를 받지 않을 권리가 있음
- 아리스토텔레스 "동물은 인간을 위해 만들어졌으며 영혼이 없다." → 데카르트 "동물은 정신도, 영혼도, 감정도 없는 기계다." → 벤담 "동물도 사람처럼 고통을 느끼므로 보호받을 권리가 있다." → 다윈 '진화론을 주장하며 동물에게도 감정과 협동심, 이타심이 있다고 생각' → 1800년대부터 본격적인 동물 보호 운동 시작

동물권을 위해 노력한 사람들

- 템플 그랜딘 : 도살장을 동물들이 최대한 무서워하지 않도록 설계
- 제인 구달 : 침팬지도 도구를 다룬다는 사실을 밝히고 야생 동물 보호에 힘씀
- 피터 싱어 : 동물권 운동이 전 세계로 확산되는 계기가 된 《동물 해방》을 씀

한 걸음 더!

왜 살충제 달걀이 생겼을까?

2017년 달걀에서 살충제 성분이 발견되었어요. 살충제란 해로운 벌레를 죽이는 약을 말해요. 성분이 너무 독해서 사람이 먹으면 위험해요. 그런데 그 살충제가 달걀에서 발견된 거예요. 왜일까요?

닭은 모래로 목욕을 하는 동물이에요. 닭은 왜 모래로 목욕을 할까요? 마당에서 키우는 닭들은 흙이나 모래에 몸을 마구 비벼요. 그럼 닭의 몸에 있는 진드기가 떨어져 나가거든요. 진드기는 모기처럼 사람이나 동물의 몸에 붙어서 피를 빠는 작은 벌레예요. 진드기에 물린 닭은 병에 걸려요. 닭들이 모래 목욕을 열심히 하는 이유예요.

그런데 좁은 우리에 갇힌 닭들은 모래 목욕을 할 수가 없어요. 바닥이 콘크리트거든요. 농장 주인들은 진드기를 죽이기 위해 닭들에게 살충제를 칙칙 뿌려요. 그 살충제는 닭의 몸속에 들어가요. 그 닭이 낳은 알이 살충제 달걀이에요.

살충제 달걀이 발견되지 않은 양계장도 있었어요. 그 양계장의 닭들은 모래 목욕도 하고 햇볕도 마음껏 쬘 수 있어요. 닭이 좋아하는 횃대

(닭이 앉는 의자)도 있어요. 푹신한 짚이 깔린 우리는 좁은 공장식 우리보다 훨씬 넓어서 닭들이 날개를 활짝 펼치고 돌아다닐 수 있어요. 이런 곳을 동물 복지 농장이라고 불러요. 이곳의 닭들은 건강하고 생기 넘쳤어요.

독일에는 인터넷으로 동물이 키워지는 모습을 생중계하는 동물 농장도 있어요. 소비자들은 넓고 깨끗하고 쾌적한 곳에서 지내는 동물들을 컴퓨터나 스마트폰으로 확인하고 그 농장에 주문을 해요.

서양에서는 일찌감치 동물 복지 농장에서 생산한 알과 고기에 '동물 복지 축산 농장 인증 마크'를 표시하고 있어요. 동물 복지 인증 표시가 붙은 고기와 달걀은 공장식 사육에서 생산된 고기나 달걀보다 비싸지만 안심하고 먹을 수 있어요. 우리나라도 2012년부터 동물 복지 인증 표시제를 시행하고 있어요.

05.
드디어 모모를 찾았어요!

동물행동학 동물의 신기한 능력

· 우리도 언어를 사용해요
· 우리도 도구를 사용해요
· 신기한 능력을 지닌 동물들

　한눈에 쏙 동물의 신기한 능력
　한 걸음 더 신기한 고양이, 마네키 네코

 우리도 언어를 사용해요

동물 보호에 대한 관심이 높아지자 과학자들도 본격적으로 동물 연구를 시작했어요. 동물의 행동과 습성, 지능, 의사소통 방법 등을 연구했지요. 과학자들은 깜짝 놀랐어요. 당연히 인간보다 열등할 거라 생각했던 동물들에게 놀라운 재주와 능력이 발견되었거든요. 오직 인간만이 갖고 있을 거라 생각한 능력을 가진 동물도 있었어요.

흔히 동물을 말 못하는 짐승이라고 말해요. 하지만 그것은 사실이 아니에요. 인간처럼 언어를 사용하는 동물들도 있어요.

꿀벌의 언어는 춤

꿀벌은 엉덩이로 춤을 춰서 서로 정보를 나눠요. 꿀이 많은 곳이나 새로운 집터를 발견했을 때 다른 꿀벌들에게 알려 주기 위해 춤을 추는 거예요.

꿀벌의 춤에는 원을 그리며 추는 춤과 '8' 자 모양으로 도는 춤이 있어요. 원형 춤은 '8' 자 모양 춤보다 목적지까지의 거리가 가까울 때 추는 춤이에요. 춤추는 동안 냄새를 풍기면서 꿀맛과 꿀의 질, 양까지 알려 준답니다.

초음파로 대화하는 동물들

인간이 다른 사람의 말이나 노래, 그리고 많은 소리를 들을 수 있는 것은 음파 때문이에요. 음파란 소리가 공기를 진동시키는 것을 말해요. 그러면 우리 귀가 그 진동을 감지해 소리를 듣는 것이랍니다. 그런데 음파가 너무 높으면 인간의 귀로는 들을 수 없어요. 그것을 초음파라 해요.

동물들 중에는 이 초음파를 이용해 의사소통을 하는 동물들이 있어요. 하늘다람쥐는 초음파를 이용해 동료들과 대화를 해요. 또 돌고래와 박쥐도 초음파를 이용해 대화한답니다.

수화를 배운 침팬지

수화란 말을 못하거나 듣지 못하는 사람들이 손짓으로 하는 언어예요.

1967년 미국 과학자가 침팬지에게 수화를 가르쳤어요. 이 침팬지는 겨우 몇 달 동안 250개가 넘는 수화 단어를 익혔어요. 그리고 그 수화를 이용해 과학자들과 의사소통을 해서 사람들을 놀라게 했어요.

범고래의 언어 능력과 뛰어난 지능

범고래는 돌고래에 속하는 동물이에요. 그래서 돌고래처럼 초음파로 동료와 대화를 해요. 그런데 범고래에게는 돌고래에게 없는 하나의 능력이 있어요. 범고래는 집단생활을 하는데, 각 집단에는 고유한 사투리가 있어요. 경상도 사람과 전라도 사람이 서로 다른 사투리를 사용하듯 말이에요.

범고래는 초음파뿐 아니라 몸짓으로도 대화를 해요. 꼬리지느러미로 수면을 때리거나 수면 위로 높이 뛰어올랐다가 다시 물속에 뛰어드는 방법으로도 의사소통을 할 수 있어요.

얼마 전에는 사람의 말을 흉내 내는 범고래가 등장해 사람들을 깜짝 놀라게 했어요. 프랑스 마린랜드 동물원에 사는 범고래 위키가 어느 정도 훈련을 거친 뒤, 조련사의 말을 3~4번만 듣고도 흉내 냈지요.

범고래는 언어 능력뿐 아니라 지능까지 뛰어나요. 지능이 7살 어린이 수준이라고 해요. 그런 범고래에 얽힌 놀랍고 신기한 이야기를 하나 알아볼까요?

생김새가 귀엽고 똑똑한 범고래는 '킬러 웨일(고래를 사냥하는 고래)'이라는 무서운 별명이 있는데, 신기하게도 사람은 공격하지 않아요. 그 이유가 확실히 밝혀지지는 않았지만, 일부 학자들은 이렇게 주장해요.

아주 오래전 범고래들은 어부들을 공격했어요. 그러자 화가 난 인간들이 범고래를 마구 사냥했어요. 이 일로 범고래는 하마터면 멸종당할 뻔했지요. 그때 인간의 무서움을 똑똑히 느낀 범고래들은 후손들에게 인간을 절대 건드리지 말라고 교육시켰어요. 그래서 지금까지도 범고래가 인간을 공격하지 않는 거예요.

 우리도 도구를 사용해요

오랫동안 우리들은 인간만이 도구를 사용할 줄 안다고 생각했어요. 그리고 그 사실을 자랑스러워했지요. 그런데 과학자들은 동물들도 도구를 사용한다는 것을 발견했어요.

나뭇가지를 도구로 사용하고 있는 고릴라

철사를 구부리는 까마귀

베티는 영국 옥스퍼드 대학에서 길렀던 까마귀 이름이에요. 하루는 옥스퍼드 대학 동물학자들이 베티에게 실험을 했어요. 시험관처럼 좁고 길쭉한 그릇에 먹이를 넣고 베티에게 주었어요. '이걸 어떻게 꺼내 먹지?'라는 듯 잠시 고민하던 베티는 철사 끝을 낚싯바늘처럼 구부린 후 그릇에 집어넣어 먹이를 쏙 빼냈어요. 지켜보던 동물학자들은 깜짝 놀랐어요. 베티가 단지 도구를 사용만 한 것이 아니라, 알맞게 만들어서 사용했으니까요.

나는 새들 중에서 가장 똑똑해!

야생 까마귀들은 나무 속에 숨은 벌레를 끄집어낼 때, 나뭇가지를 자르고 부리로 다듬어서 사용해요. 이렇게 만든 도구가 85개나 된다고 해요. 사람들은 까마귀의 머리가 나쁘다고 생각해요. 뭔가를 자꾸 잊어버리는 사람에게 '까마귀 고기를 먹었나.'라고 말하기도 하지요. 하지만 까마귀는 매우 영리한 동물이에요. 지능이 조류 중에서 가장 높고 침팬지나 범고래와 비슷한 수준이라고 해요.

돌로 먹이를 깨 먹는 동물들

만화 영화의 보노보노는 물 위에 누워 돌로 조개를 까먹어요. 보노보노는 해달이라는 동물인데, 실제로 해달은 돌로 조개를 까먹지요. 침팬지도 딱딱한 호두 껍데기를 돌로 깨서 먹어요. 이집트의 대머리 독수리도 사냥한 타조알을 깨기 위해 돌을 사용해요.

 신기한 능력을 지닌 동물들

집을 찾아오는 비둘기

1942년 봄, 영국의 잠수함이 독일군의 폭격을 받았어요. 구조 요청을 해야 하는데 통신 장치가 고장이 났어요. 영국군은 비둘기의 발에 편지를 매달아 날려 보냈어요. 편지는 무사히 도착했고 덕분에 영국군은 무사히 구조되었어요.

휴대 전화와 무전기가 없던 시절, 인류는 비둘기를 사용해 연락을 주고받았어요. 특히 군대에서는 비둘기가 중요한 연락 수단이었지요.

비둘기는 수천 킬로미터 떨어진 곳까지 날아가도 다시 집으로 돌아오는 본능이 있어요. 고대 이집트인과 중국인들은 비둘기를 우편배달부로 사용했어요. 올림픽이 열렸던 고대 그리스는 올림픽 결과를 그리스 도시들에 알릴 때 비둘기를 날려 보냈어요.

내 몸은 발전소, 전기뱀장어

아마존강에는 무서운 동물들이 득실거려요. 사람도 뜯어 먹는 식인 물고기 피라냐, 상대의 몸을 칭칭 감아 질식시키는 거대한 뱀 아나콘다, 이빨이 무시무시한 악어……. 전기뱀장어도 매우 위험한 동물이에요.

전기뱀장어는 몸에서 전기를 내뿜어 적을 감전시키는 동물이에요. 전기를 사용하는 동물에는 전기메기와 전기가오리도 있지만 전기뱀장어가 가장 위험해요.

우리가 집에서 사용하는 전압은 220볼트인데 전기뱀장어는 무려 600볼트가 넘는 전압을 내뿜어요. 사람은 물론 덩치가 큰 소나 말도 죽일 수 있어요. 전기뱀장어는 몸의 80퍼센트 이상이 전지 역할을 하는 세포로 이루어진 살아 있는 발전소예요.

그림 그리는 낭만 돼지 피그카소

남아프리카 공화국 동물 보호국 책임자였던 조안 레프손은 어느 날 도살장에서 죽음을 기다리는 돼지 한 마리를 구해 집으로 데려왔어요.

조안은 돼지가 심심하지 않도록 장난감을 갖다줬어요. 장난감 중에는 붓과 물감도 있었어요. 그런데 돼지가 덥석 붓을 입에 물더니 쓱쓱 그림을 그리기 시작했어요. 돼지가 그림에 재능이 있다는 사실을 안 조안은 돼지에게 마음껏 그림을 그리도록 했어요.

그림 그리는 돼지는 금세 유명해졌어요. 사람들은 이 돼지에게 '피그카소'라는 이름을 지어 주었어요. 피그카소는 돼지를 뜻하는 말인 피그(Pig)와 유명한 화가 피카소를 합쳐 만든 이름이에요.

피그카소는 지금까지 90개가 넘는 그림을 그렸고, 그 그림들은 꽤 비싼 값에 팔리고 있어요.

동물의 신기한 능력

언어를 사용하는 동물들

- 꿀벌의 언어는 춤 : 꿀벌은 꿀이 많은 곳이나 새로운 집터를 발견했을 때 엉덩이로 춤을 춰서 다른 꿀벌들에게 알려 줌
- 초음파로 대화하는 동물 : 하늘다람쥐, 돌고래, 박쥐는 인간의 귀에 들리지 않는 초음파를 이용해 의사소통함
- 침팬지 : 1967년 미국 과학자가 침팬지에게 수화를 가르쳤는데, 침팬지가 몇 달 만에 250개가 넘는 수화 단어를 익힘
- 집단생활을 하는 범고래는 집단별로 고유한 사투리를 갖고 있음

도구를 사용하는 동물들

- 인간처럼 도구를 사용하는 동물도 있음
- 까마귀 : 조류 중에서 가장 지능이 높은 까마귀는 도구를 만들어 사용함. 나무 속에 숨은 벌레를 끄집어낼 때 나뭇가지를 자르고 부리로 다듬어 사용하는데, 이렇게 만든 도구가 85개나 됨
- 돌로 먹이를 깨 먹는 동물 : 해달, 침팬지, 대머리 독수리

신기한 능력을 지닌 동물들

- 비둘기 : 수천 킬로미터 떨어진 곳까지 날아가도 다시 집으로 돌아오는 본능
  → 오래전 인류는 비둘기를 사용해 연락을 주고받음
- 전기뱀장어 : 몸에서 전기를 내뿜어 적을 감전시킴
- 피그카소 : 도살장에서 죽을 뻔한 돼지가 붓을 입에 물고 그림을 그리게 되면서 피그카소(피그+피카소)라는 이름을 얻게 됨

신기한 고양이, 마네키 네코

옛날, 일본에서 있었던 일이에요. 어느 날 한 귀족이 절 앞을 지나가고 있었어요. 날씨가 너무 더워서 귀족은 우물가에서 잠시 쉬었어요. 그때, 고양이 한 마리가 귀족을 향해 앞발을 들어 손짓했어요. 마치 '이리로 오세요.'라고 말하는 것 같았어요. 귀족은 이상하다고 생각하면서 고양이에게 다가갔어요.

그때, '우르릉! 쾅!' 하는 소리와 함께 천둥소리가 들리고 번개가 떨어졌어요. 번개는 조금 전 귀족이 쉬고 있던 우물가에 떨어졌어요. 귀족은 가슴을 쓸어내렸어요.

마네키 네코 인형

"고양이가 아니었으면 죽을 뻔했구나!"

귀족은 고마움의 표시로 고양이를 기르던 절에 많은 돈을 주었어요. 또 그 고양이가 죽은 뒤에는 앞발을 든 고양이 동상을 세웠어요. 이 동상이 마네키 네코예요. 손짓을 하는(마네키) 고양이(네코)라는 뜻이

에요. 지금도 일본의 관광지나 음식점, 상점들 중에는 마네키 네코 인형이 놓인 곳이 많아요. 일본인들은 마네키 네코를 복과 행운을 가져다주는 상징으로 생각해요.

그런데 그 고양이가 정말로 번개가 칠 것을 알았던 것일까요? 그냥 우연히 앞발을 든 것은 아니었을까요? 확실한 것은 동물들이 사람보다 자연 현상에 훨씬 예민하다는 사실이에요. 미국인들은 '소가 누우면 비가 온다.'라고 말해요. 과학자들이 조사해 보니 근거가 있는 것으로 확인되었어요.

개와 고양이는 하루 전에 지진이 올 것을 느낀다고 해요. 2011년 일본에서 큰 지진이 발생하기 전날 많은 고양이와 개가 안절부절못했다고 해요. 동물은 사람보다 청각과 후각이 발달했어요. 그래서 사람은 느낄 수 없는 미세한 지진파를 느낄 수 있다고 해요.

06.
멋진 길고양이 고등어

직업 동물과 함께하는 사람들

· 아픈 동물을 치료해요, 수의사
· 재활을 도와요, 야생 동물 재활사
· 마음을 읽어요, 애니멀 커뮤니케이터
· 대신 돌봐 드려요, 펫시터
· 학대는 그만! 동물 보호 보안관

한눈에 쏙 동물과 함께하는 사람들
한 걸음 더 길고양이를 돌봐요, 캣맘과 캣대디

동물과 함께하는 사람들

 아픈 동물을 치료해요, 수의사

수의사는 아픈 동물을 진찰하고 치료하는 의사예요. 간단한 병은 약으로 치료하지만 큰 병일 때는 수술도 해요.

수의사들은 동물 병원에서 개나 고양이 같은 반려동물을 치료하고, 동물원과 수족관에서 동물들을 보살펴요. 가축이 병에 걸렸을 때 농장으로 달려가 소나 돼지에게 예방 주사를 놓는 수의사들도 있지요. 대학에서 수의학을 전공하고 국가시험에 합격하면 수의사가 될 수 있어요.

소동물 수의사

소동물 수의사는 집에서 기르는 반려동물의 건강을 돌보는 사람들이에요. 개나 고양이는 물론 햄스터, 기니피그, 금붕어, 새, 이구아나, 거북 등 다양한 반려동물을 보살핀답니다. 반려동물 수의사라고도 해요.

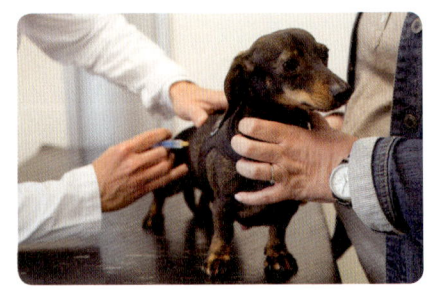

대동물 수의사

산업 동물 수의사라고도 해요. 농장의 소, 돼지, 양이나 경마장의 말 등 경제 활동에 이용되는 산업 동물들을 진찰하고 치료해요. 가축의 전염병을 막기 위해 예방 접종을 하고, 우유나 달걀 등 축산물의 품질까지도 관리해요.

야생 동물 수의사

반달가슴곰, 산양, 여우, 황조롱이 등 야생 동물을 구조하고 치료하는 일을 해요. 멸종 위기 동물 복원에 참여하기도 하지요.

비임상 수의사

소동물 수의사, 대동물 수의사, 야생 동물 수의사처럼 직접 동물을 치료하는 사람들을 임상 수의사라고 해요. 비임상 수의사들은 이들처럼 직접 동물을 치료하지는 않지만, 동물을 치료하기 위한 약을 개발하고 연구하는 사람들이에요.

 재활을 도와요, 야생 동물 재활사

둥지에서 떨어져 날개가 찢어진 새끼 딱따구리, 농약을 마시고 괴로워하는 황새, 달리는 자동차에 부딪혀 다리가 부러진 고라니 등등. 야생 동물들은 다쳐도 반려동물처럼 치료를 받기 힘들어요.

야생 동물 재활사는 다친 야생 동물을 구조하고 재활시켜서 다시 자연으로 돌아갈 때까지 보살피는 사람이에요. 재활이란 '다시 활동한다'라는 뜻이에요. 재활 기간은 동물이 당한 부상에 따라 달라요. 부상이 심한 경우는 다시 걷거나 날 때까지 몇 달이 걸려요. 또 계절에 따라 이동하는 철새의 경우는 다음 계절이 올 때까지 기다려야 해요.

야생 동물 재활사가 되기 위해 수의사 면허가 필요하지는 않아요. 생물 및 동물 관련 교육을 받으면 야생 동물 재활사가 되는 데 도움이 돼요. 또 야생 동물 재활 관련 교육 기관에서 공부할 수도 있지요. 재활 훈련을 위해 야생 동물에 대한 특성을 잘 아는 것도 필요하고요. 하지만 무엇보다 동물을 사랑하는 마음이 가장 중요해요.

 마음을 읽어요, 애니멀 커뮤니케이터

어떤 사람이 강아지를 데려왔어요. 그런데 강아지가 사람을 자꾸 피했어요. 사람이 다가가면 물러나고, 밥도 사람이 없어야만 먹었어요. 마침 그 사람 집에는 애니멀 커뮤니케이터가 머무르고 있었어요. 이야기를 들은 애니멀 커뮤니케이터가 강아지의 행동을 살폈어요.

"이 아이는 옛 주인으로부터 학대를 당했어요. 그래서 사람들을 두려워하고 있어요."

"그럼 어떻게 하면 되죠?"

"눈이 마주칠 때마다 '사랑해.', '우리는 널 해치지 않아.'라고 말해 주세요. 진심을 담아서요."

애니멀 커뮤니케이터의 말대로 하자 강아지가 조금씩 다가왔어요. 세 달 후에는 누구보다 사람을 좋아하는 개구쟁이 강아지가 되었어요.

동물은 사람처럼 말을 할 수 없어서 우리들은 동물이 무슨 생각을 하는지, 무엇을 원하는지, 어디가 아픈지 잘 몰라요. 애니멀 커뮤니케이터는 사람과 동물을 연결해 주는 통역사예요. 애니멀 커뮤니케이터가 되려면 반려동물 관련 교육을 받을 필요도 있지만, 동물을 이해하려는 자세가 중요해요.

 ## 대신 돌봐 드려요, 펫시터

펫시터 광고

개, 고양이 등 반려동물은 혼자 남겨지면 외로움을 많이 타요. 특히 주인이 여행을 가거나 일 때문에 집을 며칠 비우게 되면 누군가 반려동물을 보살펴 줘야 해요.

주인이 없을 때 대신 반려동물을 돌보는 사람이 펫시터예요. 펫시터는 반려동물의 밥과 물을 챙겨 주고 같이 놀아 줘요. 또 반려동물을 산책시키고 화장실을 치우는 일을 해요.

반려동물을 키워 본 경험이 많거나 반려동물과 관련된 자격증을 얻으면 펫시터가 되는 데 유리해요.

최근에 다른 가족 없이 혼자 살면서 반려동물을 키우는 사람이 늘고 있어요. 그와 동시에 펫시터의 필요성이 높아지고 있지요. 그래서 펫시터는 미래의 유망 직업들 중 하나로 꼽히기도 해요.

 학대는 그만! 동물 보호 보안관

보안관이란 작은 지역의 질서와 안전을 살피는 경찰을 말해요. 동물 보호 보안관은 사람들로부터 학대받거나 주인이 제대로 돌보지 않는 동물이 있다는 신고를 받고 출동해 동물을 구조하는 사람이에요. 동물을 학대한 주인에게는 엄중히 경고를 하거나 법적 조치를 취하기도 해요. 또 동물 쇼에서 동물이 다치지 않도록 정기적으로 점검해요.

영국은 동물 보호 보안관이 처음으로 생긴 나라예요. 영국에서는 동물 보호 보안관이 되려면 먼저 동물을 다루는 훈련과 동물 복지 관련 교육을 받은 뒤, 경험을 쌓아야 해요. 우리나라는 동물 보호 보안관 숫자가 매우 적어서 주로 소방관들이 동물 구조를 하고 있어요.

한눈에 쏙!

동물과 함께하는 사람들

수의사

- 아픈 동물을 진찰하고 치료하는 의사로, 대학에서 수의학을 전공하고 국가시험에 합격하면 될 수 있음
- 소동물 수의사 : 반려동물 수의사. 집에서 기르는 반려동물의 건강을 돌봄
- 대동물 수의사 : 산업 동물 수의사. 농장의 소, 돼지, 양이나 경마장의 말 등 경제 활동에 이용되는 산업 동물들을 진찰하고 치료함
- 야생 동물 수의사 : 야생 동물을 구조하고 치료하며, 멸종 위기 동물 복원에도 참여함
- 비임상 수의사 : 직접 동물을 치료하지는 않으나, 동물을 치료하기 위한 약을 개발하고 연구함

야생 동물 재활사

- 다친 야생 동물을 구조하고 치료해서 다시 자연으로 돌아갈 때까지 보살핌
- 관련 교육을 받으면 도움이 되고, 수의사 면허는 필요하지 않음

애니멀 커뮤니케이터
- 말을 할 수 없는 동물이 원하는 바를 동물의 행동과 상태를 보고 알아냄
- 사람과 동물을 연결해 주는 통역사

펫시터
- 주인이 여행이나 일 때문에 집을 며칠 비우게 될 때 대신 반려동물을 보살펴 주는 사람
- 반려동물의 밥과 물을 챙겨 주고 같이 놀아 주며, 산책을 시키고 화장실을 치우는 일을 함
- 반려동물을 키워 본 경험이 많거나, 관련된 자격증을 얻으면 펫시터가 되는 데 유리함

동물 보호 보안관
- 학대받거나 제대로 보살핌을 받지 못하는 동물을 구조하는 사람
- 영국은 동물 보호 보안관이 가장 먼저 생긴 나라. 영국에서는 동물을 다루는 훈련과 동물 복지 교육을 받고 경험을 쌓은 뒤 동물 보호 보안관이 될 수 있음

동물과 함께하는 사람들 · 121

길고양이를 돌봐요, 캣맘과 캣대디

직업인은 아니지만 동물과 함께하는 사람들 중에 캣맘과 캣대디가 있어요.

우리나라에는 100만 마리가 넘는 길고양이가 살고 있어요. 길고양이들의 하루하루는 매우 힘들어요. 주인의 사랑을 받으며 자란 고양이들은 보통 15년 정도 살아요. 하지만 길고양이의 평균 수명은 3년이에요. 굶어 죽고, 병들어 죽고, 얼어 죽고, 또는 교통사고를 당해 죽기 때문이에요.

그런 길고양이가 가여워서 밥과 물을 챙겨 주고 따뜻한 잠자리까지 마련해 주는 사람들이 있어요. 여자는 캣맘(고양이 엄마), 남자는 캣대디(고양이 아빠)라 불려요. 캣맘과 캣대디는 동물을 돌보지만 직업은 아니에요. 자원봉사자처럼 자신의 돈으로 사료와 간식을 구입하고 시간을 쪼개서 길고양이들을 돌보지요. 그런데 캣맘과 캣대디를 못마땅하게 여기는 사람도 많아요. 길고양이로 생기는 문제점 때문이에요.

길고양이들은 쓰레기봉투를 뜯고, 길이나 마당에 똥을 싸서 사람들에게 불편함을 주기도 해요. 또 지붕이 들썩이도록 뛰어다니고 밤에는 울어서 사람들의 잠을 깨우기도 하고요. 그래서 길고양이를 싫어하는 사람들은 길고양이에게 밥을 주면 길고양이 숫자가 더 늘어나서 곤란하다고 생각해요. 길고양이를 돌보지 말고 내버려 두어야 개체 수 조절이 가능하다는 거예요.

캣맘과 캣대디들은 길고양이를 돌보면서 TNR을 하면 길고양이 숫자가 늘어나지 않는다고 말해요. TNR은 길고양이를 잡아서 새끼를 낳지 못하도록 수술을 시킨 후 다시 풀어 주는 '고양이 중성화 수술'이에요. 많은 캣맘과 캣대디들이 시간과 돈을 들여 TNR을 하고 있어요.

캣맘, 캣대디와 동물 보호 단체는 TNR이 길고양이 문제를 해결할 수 있는 가장 효과적인 방법이라고 말해요. 우선 길고양이 수가 늘어나는 것을 막을 수 있지요. 또한 고양이들이 발정기에 내는 시끄러운 울음소리도 줄일 수 있어요.

1. 모모가 사라졌어요

1 다음 중 인류 문명과 동물에 대한 설명으로 틀린 것을 고르세요.

① 동물을 숭배하는 것은 인류의 오래된 원시 종교다.
② 서양에서 용은 왕을 상징하는 동물이다.
③ 정착 생활을 하면서 인간은 동물을 기르기 시작했다.
④ 야생 동물은 가축이 되면 자유를 잃지만 안전과 먹이를 확보할 수 있다.

2 다음 동물들 중 인간이 가축으로 길들인 동물과 길들이지 못한 동물을 나누어 보세요.

　　라마　　　　　순록　　　　　야크　　　　얼룩말　　　　치타

㉠ 가축이 된 동물 :

㉡ 가축이 되지 못한 동물 :

3 야생 동물이 가축이 되려면 6가지 조건을 갖춰야 해요. 그중 내가 가장 중요하다고 생각하는 것을 적어 보세요.

서술형 문항 대비 ✓

....

....

4 종교에 따라 동물을 대하는 태도가 달라요. 다음 중 맞는 말을 하는 사람을 모두 고르세요.

① **애니** : 이슬람교와 유대교에서는 낙지 먹는 것을 금지한대.

② **하니** : 기독교 성경에는 돼지를 먹지 말라고 적혀 있어.

③ **미니** : 유럽 사람들은 문어가 크라켄이라는 전설 속 괴물과 비슷하게 생겨서 싫어한대.

④ **지니** : 자이나교는 살아 있는 모든 것을 해쳐서는 안 된다고 가르쳐.

2. 모모, 양치기 개가 되다

1 다음 중 동물과 음식에 대한 설명으로 옳은 것을 모두 고르세요.

① 인간은 원시 시대부터 고기를 먹었다.
② 에스키모는 '익힌 고기를 먹는 사람들'이라는 뜻이다.
③ 동물은 고기 말고도 젖과 알을 인간에게 제공한다.
④ 채식주의자는 달걀, 우유, 치즈까지 먹지 않는다.

2 인간은 동물의 털과 가죽으로 어떤 물건들을 만들었을까요? 생각나는 대로 적어 보세요.

3 인간은 많은 분야에서 동물의 능력을 사용하고 있어요. 아래 설명을 읽고 각각 어떤 동물에 대한 설명인지 괄호 안에 적어 보세요.

① (   ) : 냄새를 잘 맡아 공항에서 마약이나 폭발물을 찾아낸다. 시각 장애인을 돕고 길 잃은 사람을 구조한다. 인류의 가장 오래된 친구로 불린다.

② (   ) : 힘이 좋아 농사를 짓는 데 이용했다. 농경 사회에서 중요한 재산으로 여겨졌다.

③ (   ) : 자동차가 발명되기 전의 중요한 교통수단으로, 마차와 수레로 짐을 나르고 사람을 태웠다.

④ (   ) : 모래바람이 많이 불고 물이 귀한 사막을 이동할 때 많이 이용된다.

4 동물과 전염병, 의학의 발전에 대한 설명으로 틀린 것을 고르세요.

① 전염병 중에는 가축에게서 옮은 것이 많다.
② 인수 공통 전염병은 동물과 사람이 함께 걸리는 병이다.
③ 에드워드 제너는 소를 이용해 천연두를 예방하는 백신을 발명했다.
④ 조너스 소크는 원숭이를 이용해 페스트를 예방하는 백신을 발명했다.

3. 여우 구출 작전

1 멸종한 동물과 그에 대한 설명을 바르게 짝지어 봐요.

멜로미스 ①　　　　　㉠ 인도양의 섬에 살던 날지 않는 새

파란 영양 ②　　　　　㉡ 기후 변화로 멸종된 첫 포유류

도도새　 ③　　　　　㉢ 털가죽을 탐낸 인간이 마구 사냥해 멸종

2 멸종 위기에 처한 동물에 대한 설명으로 틀린 것을 고르세요.

① 밍크, 붉은여우, 너구리 등 아름다운 털가죽을 가진 동물들이 멸종 위기에 처해 있다.

② 새로운 마을과 도시를 개발하면서 야생 동물이 사는 서식지가 줄고 있다.

③ 살던 곳을 빼앗긴 동물들이 마을까지 내려와 쓰레기통을 뒤지고 음식 찌꺼기를 먹기도 한다.

④ 1급 멸종 위기 동물보다 2급 멸종 위기 동물이 더 심각한 멸종 위기에 처해 있다.

3 우리나라 멸종 위기 동물의 이름을 보기에서 찾아 사진 아래에 적어 보세요.

㉠ _____ ㉡ _____ ㉢ _____ ㉣ _____

보기 고니, 담비, 대륙사슴, 두루미, 반달가슴곰, 사향노루, 삵, 호랑이

4 멸종 위기 동물을 돕는 방법에는 무분별한 사냥 금지, 야생 동물 복원이 있어요. 그 밖에 우리가 생활 속에서 실천할 수 있는 것에는 무엇이 있는지 생각해서 적어 보세요.

서술형 문항 대비

....
....
....

4. 서커스단에 잡힌 고등어

1 다음에서 설명하는 사육 방법은 무엇인가요?

> 더 많은 고기와 우유를 얻기 위해 공장처럼 생긴 건물에 가축들을 가득 채워 사육하는 것을 말해요.

답 : ....

2 빈칸에 알맞은 말을 적어 보세요.

 : (   )에서는 어미 개를 가둬 놓고 끊임없이 강아지를 낳게 한대. 너무 무섭고 힘들 것 같아.

 : 맞아. 게다가 태어난 강아지는 50일이 되면 어미 개와 헤어져 사람들에게 팔려 간대.

3 동물권과 관련된 사람들에 대한 설명으로 틀린 것을 고르세요.

① 아리스토텔레스는 동물에게도 영혼이 있다고 주장했다.
② 벤담은 동물도 사람처럼 고통을 느낀다고 생각했다.
③ 진화론을 주장한 다윈은 동물도 감정이 있다고 생각했다.
④ 피터 싱어는 사람이 동물을 차별하는 것은 '종의 차별'이라고 말했다.

4 동물권을 위해 노력한 사람들과 그들이 한 일을 바르게 연결해 보세요.

템플 그랜딘 ①　　㉠ 침팬지도 도구를 사용한다는 사실을 밝힘

제인 구달　 ②　　㉡ 도살장을 동물들이 최대한 무서워하지 않도록 설계

피터 싱어　 ③　　㉢ 동물권 운동이 널리 퍼지는 계기가 된 《동물 해방》
　　　　　　　　　　을 씀

5. 드디어 모모를 찾았어요!

1 동물 보호에 대한 관심이 높아지자 과학자들은 본격적으로 동물 연구를 시작했어요. 동물의 행동과 습성, 지능, 의사소통 방법 등을 연구한 과학자들은 깜짝 놀랐어요. 무엇을 발견했기 때문이었을까요?

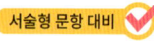

2 서커스단 단장에게 애니가 할 말을 완성해 보세요.

그건 잘못된 생각이에요. 동물도 사람만큼 똑똑하고 언어도 사용해요.
예를 들어

3 빈칸에 공통적으로 들어갈 동물의 이름을 적어 보세요.

> 휴대 전화와 무전기가 없던 시절, 인류는 (   )를 사용해 연락을 주고받았어요. (   )는 수천 킬로미터 떨어진 곳까지 날아가도 다시 집으로 돌아올 수 있거든요. 그래서 고대 이집트인과 중국인들은 (   )를 우편배달부로 사용했지요.

답 : _____

4 책에 소개된 동물들의 신기한 능력 중 무엇이 가장 기억에 남나요? 그 이유는 무엇인가요?

서술형 문항 대비 ✓

6. 멋진 길고양이 고등어

1 다음은 수의사의 종류에 대한 설명이에요. 빈칸에 들어갈 말을 보기에서 찾아 적어 보세요.

> (　　　　　)는 집에서 기르는 반려동물의 건강을 돌보는 사람들이에요. (　　　　　)는 농장의 소나 돼지, 경마장의 말 등 경제 활동에 이용되는 산업 동물들을 진찰하고 치료해요. (　　　　　)는 산과 들에서 자유롭게 사는 동물들을 구조하고 치료해요. 멸종 위기 동물 복원에 참여하기도 하고요.

보기　대동물 수의사, 비임상 수의사, 소동물 수의사, 야생 동물 수의사

2 다음은 어떤 직업에 대한 설명일까요?

> 야생 동물을 구조하고 치료해서 다시 자연으로 돌아갈 때까지 보살피는 사람이에요. 부상당한 동물이 다시 활동할 수 있게 돕지요. 수의사 면허가 필요하지는 않아요.

답 : _____

3 다음은 애니멀 커뮤니케이터와 펫시터에 대한 설명이에요. 설명이 맞으면 ○를, 틀리면 ✕ 표시를 하세요.

- 애니멀 커뮤니케이터는 사람과 동물을 연결해 주는 통역사예요. (　　)
- 펫시터는 주인이 집을 비울 때 대신 반려동물을 보살펴요. (　　)
- 혼자 살면서 반려동물을 키우는 사람이 늘어나면서 펫시터의 필요성이 높아지고 있어요. (　　)

4 동물 보호 보안관에 대한 설명으로 틀린 것을 고르세요.

① 사람들로부터 학대를 받거나 주인이 제대로 돌보지 않는 동물을 구조해요.
② 동물을 학대한 주인에게 경고를 할 권한은 없어요.
③ 동물 보호 보안관이 되려면 먼저 동물 복지 관련 교육을 받아야 해요.
④ 우리나라에는 동물 보호 보안관 숫자가 매우 적어서 주로 소방관들이 동물을 구조해요.

정답 및 해설

1

1. ②
→ 용이 왕을 상징하는 동물이었던 곳은 동양이에요. 서양에서는 용이 주로 사악한 동물로 그려졌어요. (☞16~19쪽)

2. ㉠ 라마, 순록, 야크
   ㉡ 얼룩말, 치타
→ (☞20~21쪽)

3. 생각을 자유롭게 적어 봐요.
→ 가축이 되기 위한 6가지 조건은 '소처럼 튼튼할 것, 개처럼 사람을 잘 따를 것, 성격이 너무 예민하지 않을 것, 달걀과 고기를 제공하는 닭처럼 인간에게 도움이 될 것, 한 번에 10마리 정도 새끼를 낳는 돼지처럼 번식을 잘할 것, 성격이 순한 양처럼 기르기 쉬울 것'이에요.
(☞20~21쪽)

4. ③, ④
→ 이슬람교 경전 코란과 유대교 경전 토라에는 돼지를 먹지 말라고 적혀 있어요. 기독교 성경에는 지느러미와 비늘이 없는 동물을 먹지 말라고 적혀 있어요.
(☞22~23쪽)

2

1. ①, ③
→ 에스키모는 '날것을 먹는 사람들'이라는 뜻이에요. 채식주의자에는 여러 종류가 있는데 달걀, 우유, 치즈 정도는 먹는 사람도 있지요. (☞36~37쪽)

2. 옷, 패딩, 털외투, 이불, 장갑, 목도리, 책, 양피지, 붓
→ (☞38~39쪽)

3. ① 개   ② 소   ③ 말   ④ 낙타
→ (☞40~43쪽)

4. ④
→ 조너스 소크가 원숭이를 이용해 발명한 백신은 소아마비 백신이에요.
(☞44~47쪽)

3

1. ①-㉡ ②-㉢ ③-㉠
→ (☞58~59쪽)

2. ④
→ 2급 멸종 위기 동물은 심각한 멸종 위기는 아니지만 개체 수가 꾸준히 줄고 있어 이대로 두면 머지않아 멸종할 가능성이 있는 동물이에요. 1급 멸종 위기 동물은 개체 수가 크게 줄어 심각한 멸종 위기에 처한 동물이에요. (☞60~63쪽)

3. ㉠ 반달가슴곰   ㉡ 두루미
   ㉢ 담비   ㉣ 사향노루

→ (☞62~63쪽)
4. 플라스틱과 비닐 사용 줄이기, 전기와 가스 절약하기, 자동차를 타는 대신 걷거나 자전거를 이용하기
→ (☞64~65쪽)

4

1. 공장식 사육
→ (☞76~77쪽)
2. 강아지 공장
→ 반려동물을 키우고 싶은 사람이 많아지자 반려동물을 전문적으로 번식시켜 판매하는 곳이 생겨났어요. 대표적인 곳이 강아지 공장이에요. (☞78쪽)
3. ①
→ 아리스토텔레스는 동물은 인간을 위해 만들어졌으며 영혼이 없다고 했어요. (☞81~82, 85쪽)
4. ①-ⓒ ②-㉠ ③-ⓒ
→ (☞84~85쪽)

5

1. 책을 참고하여 자유롭게 적어 봐요.
→ 예시 답변 : 동물도 언어를 사용한다는 것을 발견했기 때문이다. 동물도 도구를 사용한다는 것을 발견했기 때문이다. (☞96~101쪽)
2. 책을 참고하여 자유롭게 적어 봐요.
→ 예시 답변 : 범고래는 초음파로 서로 대화하고, 지능도 7살 어린이 수준이라고요! (☞96~97쪽)
3. 비둘기
→ (☞102쪽)
4. 책을 참고하여 자유롭게 적어 봐요.
→ (☞96~103쪽)

6

1. 소동물 수의사, 대동물 수의사, 야생 동물 수의사
→ (☞114~115쪽)
2. 야생 동물 재활사
→ (☞116쪽)
3. O, O, O
→ (☞117~118쪽)
4. ②
→ 동물 보호 보안관은 동물을 학대한 주인에게 엄중히 경고하거나 법적 조치를 취하기도 해요. (☞119쪽)

찾아보기

ㄱ
가축 ··· 18~21
강아지 공장 ··· 78
개 ··· 40
공장식 사육 ··· 76~77
길고양이 ·· 122~123
까마귀 ··· 100~101
꿀벌 ··· 65, 96

ㄴ
낙타 ·· 43

ㄷ
대동물 수의사 ·· 115
동물권 ·· 81
동물 보호 보안관 ···································· 119
동물 보호 운동 ······································· 83
동물 복지 농장 ······································· 89
동물 쇼 ·· 79
동물 실험 ··· 79~80
돼지 독감 ·· 50

ㅁ
마네키 네코 ······································ 106~107
마약 탐지견 ·· 41
말 ·· 42~43
멸종 ··· 58
멸종 위기 동물 ···································· 60~63

ㅂ
바스테트 ··· 16
범고래 ··· 98~99
비둘기 ·· 102
비임상 수의사 ·· 115

ㅅ
살충제 달걀 ······································· 88~89
소 ··· 42
소동물 수의사 ·· 114
소아마비 백신 ·· 47
수의사 ······································· 47, 114~115
3R 원칙 ··· 80

ㅇ

- 아힘사 23
- 애니멀 커뮤니케이터 117
- 야생 동물 복원 64
- 야생 동물 수의사 115
- 야생 동물 재활사 116
- 양피지 39
- 여와와 복희 16
- 용 17
- 우경 42
- 유기 동물 78
- 유니콘 17
- 인수 공통 전염병 45

ㅈ

- 전기뱀장어 .... 102~103
- 제인 구달 .... 84~85
- 조류 독감 51

ㅊ

- 채식주의자 37
- 천연두 백신 46
- 침팬지 98

ㅋ

- 캣맘과 캣대디 .... 122~123

ㅌ

- 템플 그랜딘 84
- 토테미즘 16
- TNR 123

ㅍ

- 펫시터 118
- 피그카소 103
- 피터 싱어 85

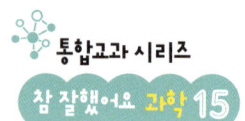
통합교과 시리즈
참 잘했어요 과학 15

전문 필자와 과학 교사가 만든 **통합교과 정보서!**

이게 무슨 소리?!
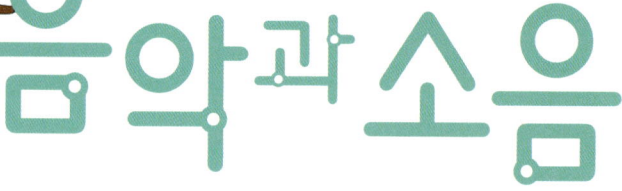
음악과 소음

진이, 웨이브, 퉁이는 백두산 탐사를 떠났다가
뮤즈 행성 외계인들이 남기고 간 폭탄을 발견해요.
폭탄을 막을 방법은 단 하나, 아름다운 소리를 찾는 것!
아름다운 소리를 만들기 위해 소쿠리테스와 아잉슈타인 박사,
타임머신을 타고 온 모차르트와 베토벤까지 나섰어요!
이들은 과연 아름다운 소리로 지구를 구할 수 있을까요?

글 최원석 | 그림 허현경 | 감수 서울과학교사모임

참 잘했어요 과학 시리즈는 초등 교과 과정에 알맞게 개발한 통합교과 정보서입니다.
하나의 주제를 다양한 분야에서 접근하고, 그에 따른 자세하고 정확한 정보를 꼼꼼히 골랐습니다.

• 2017, 2018 우수과학도서   • 2017 세종도서 교양부문 선정도서   • 2017 아침독서 추천도서   • 고래가 숨 쉬는 도서관 추천도서

글 한영식 외 | 그림 최해영 외 | 감수 서울과학교사모임 | 각 권값 1~10권 10,000원, 11~15권 11,000원

지학사아르볼